Dr. Preuss

Dirschaus historische Denkwürdigkeiten

Für das 600-jährige Jubelfest der Stadt - 20. August 1860

Dr. Preuss

Dirschaus historische Denkwürdigkeiten

Für das 600-jährige Jubelfest der Stadt - 20. August 1860

ISBN/EAN: 9783743455696

Hergestellt in Europa, USA, Kanada, Australien, Japan

Cover: Foto ©ninafisch / pixelio.de

Manufactured and distributed by brebook publishing software (www.brebook.com)

Dr. Preuss

Dirschaus historische Denkwürdigkeiten

Dirschau's historische Denkwürdigkeiten.

Für das
600jährige Jubelfest der Stadt
(20. August 1860)

bearbeitet

von

Dr. Preuss,
prakt. Arzt.

Danzig,
Verlag von A. W. Kafemann.
1860.

Sr. Excellenz

dem wirklichen Geheimen Rathe und Ober-Präsidenten der Provinz Preußen

Herrn Dr. Eichmann,
Ritter hoher und höchster Orden,

in tiefster Verehrung

gewidmet

vom

Verfasser.

Inhalt

	Seite
Dirschau unter den Fürsten Ostpommerns	4
Dirschau unter dem deutschen Orden	14
Die Hussiten vor Dirschau	20
Dirschau unter der Herrschaft der Könige von Polen	23
Die Schlacht am Lübschauer See	24
Gefecht auf der Weichsel bei Dirschau	25
Der große Brand Dirschau's	26
Gustav Adolph in und um Dirschau	27
Die Schlacht bei Rokitten	32
Johann Reinhold Forster	39
Dirschau unter der Herrschaft der Könige von Preußen	45
Dirschau's Bestürmung, Plünderung und Brand	45
Beschreibung der Weichselbrücke	54

Beilagen.

1.	Die Fürsten in Ober-Pommern	60
2.	Fundationsprivilegium der Stadt Dirschau von Sambor II., Herzog von Pommern	
3.	Der Herzog Wladislaw von Polen und Pommern verleiht der Stadt Dirschau eine Badstube und einen Berg zu ihrem Gebrauch	62
4.	Erklärung des Bürgermeisters und der Stadtgemeine zu Dirschau nach Pfingsten aus der Stadt wandern zu wollen	63
5.	Vögte zu Dirschau	64
6.	Verleihungs-Urkunde von Schliewen vom Hochmeister Werner von Orzele	65
7.	Handfeste der Stadt Dirschau von dem Hochmeister Winrich von Kniprode	67
8.	Verschreibung über den dritten Pfennig von allen Gerichten, der Stadt Dirschau gegeben von dem Hochmeister Conrad Zollner von Rotenstein	68
9.	Der Hochmeister Winrich von Kniprode verschreibt den Einwohnern der Stadt Dirschau 38 Huben auf dem Speisewinkel	68
10.	Der Hochmeister Winrich nimmt drei Huben von dem Speisewinkel zurück und erläßt dagegen der Stadt Dirschau die bisher geleisteten Handdienste	69
11.	Der Vogt von Dirschau meldet dem Hochmeister, daß er seinem Befehle gemäß mit der Gemeine zu Dirschau gesprochen, und daß diese ihn ihrer Treue versichere	69
12.	Erklärung des Sekretair George Reinhold Forster vor dem Gericht zu Stargardt	70
13.	Erbzins-Pacht-Kontrakt über den alten Schloßgrund von August III.	72

Dirschau feiert am 20. August d. J. sein sechshundertjähriges Jubelfest als Stadt. Mir wurde der ehrenvolle Auftrag, an diesem Tage meinen Mitbürgern in öffentlichem Vortrage eine Ueberficht der historischen Denkwürdigkeiten der Vaterstadt zu geben. Das zu diesem Behufe Gesammelte ist gedruckt, um den Theilnehmern des Festes eine Erinnerung an den Tag zu hinterlassen, dann aber auch um einen Anhaltspunkt für weitere die Stadt betreffende Forschungen zu geben und endlich um vielleicht in der Jugend des Ortes durch die Bekanntschaft mit den historischen Denkwürdigkeiten desselben den Sinn für vaterländische Geschichte zu wecken und zu fördern.

Indem in den großen Bildern der Jahrhunderte, neben den gewaltigen Personen und Ereignissen auch die Vaterstadt einen Platz hat, gewinnt das Interesse an jenen, während diese in ihrer Bedeutung gehoben wird.

Der Heimatort, die Stelle der Erde, auf welcher wir zuerst die Sonne und alle Wunderwerke Gottes schauten, der Boden, auf dem wir leben und wirken, in dem die Asche unserer Väter ruht und welcher auch uns eine Ruhestatt werden soll, er müßte uns vor Allem heilig sein; ist er es, so wird auch das weitere Vaterland es werden.

Dirschau, den 3. August 1860.

Dr. Preuss.

An dem Strome, der durch unser Land mächtig dahinrollt, der Weichsel, wohnten schon vor Jahrtausenden Menschen, und es ist nicht zu zweifeln, daß die über alle benachbarten Ufer weit hervorragende Höhe, auf welcher die Stadt Dirschau jetzt liegt, früh zum Wohnsitze gewählt wurde.

Aber tiefes Dunkel ruht auf der Vorzeit dieser Gegend, und keine Urkunde nennt uns den Namen eines Ortes oder eines hervorragenden Mannes.

Wenn in Zwischenräumen von Jahrhunderten einzelne Berichte fremder Völker flüchtig wie leuchtende Blitze die finstere Nacht erhellen, so lassen sie uns doch nichts als die dunkeln Umrisse unsrer Urahnen und der Gestade, die sie bewohnten, schauen.

Herodot[1]) um 450 v. Chr. hat von einem Flusse Eridanus gehört der sich ins Meer gegen Mitternacht ergießt und von dem der Bernstein kommt. Dort sollen auch die Greife wohnen, welche die Schätze bewachen. Ein wunderbares Zusammentreffen, daß der Vater der Geschichte in diese Gegend den Greif versetzt, das uralte Wappen unserer Stadt und seines frühsten Fürstengeschlechts.

Pytheas[2]) 320 v. Chr., also etwa zu Alexanders des Großen Zeit, ein kühner Schiffer aus Massilien, dem heutigen Marseille, einer phönicischen Kolonie, war der erste Fremdling, welcher unzweifelhaft unsere Gegend besuchte. Er fand hier die Guttonen und Ostiäer, d. i Gothen und Aesthier, germanische Volksstämme. Sie lebten von Hirsen und Kräutern, einige bauten bereits Getreide und bereiteten aus Honig ein Getränk. Dieselben Völker werden auch dreihundert Jahre später hier wohnend genannt[3]).

Deutsche waren es also, welche diesen Boden zuerst bewohnten und bebauten.

Im ersten Jahrhunderte n. Chr. wird von Pomponius Mela[4])

---

[1]) Herodot lib. III. c. 115.
[2]) Murray p. 61 § 6 de aetate Pytheae. — Schlözer nordische Geschichte S. 194. — Sprengel Geschichte der wichtigsten geographischen Entdeckungen S. 57.
[3]) Plinius Hist. nat. 10. 14. Tacitus Germania Cap. 43.
[4]) Pomponius Mela L. II. c. 1; III. c. 4.

und Plinius b. A.⁶), der bei dem Ausbruche des Vesuvs, welcher Herkulanum und Pompeji verschüttete, umkam, zuerst die Weichsel als Visula oder Vistula genannt. Tacitus sagt, daß die Sprache der Bewohner der britannischen ähnlich sei, und bezeichnet damit ihren germanischen Klang. „Selten ist bei ihnen des Eisens, häufig der Keule Gebrauch. Sie tragen runde Schilde, kurze Schwerdter, und bezeigen ihren Königen Gehorsam"⁶).

Als in der Völkerwanderung die germanischen Stämme das Ostseegestade diesseit der Weichsel zum Theil verließen, rücken die Benedi oder Wenden in die gelichtete Gegend, und begründen so das slavische Element ohne das germanische jemals ganz zu verdrängen. Dies erhält sich vielmehr bis zu den Zeiten, in denen ihm eine überwiegende Geltung verschafft wird. Aus slavischem und germanischem Elemente gemischt entsteht zwischen Weichsel und Oder bis zur Netze und Warthe hinauf das Reich der Pomoranen oder Meeranwohner, das Reich der Pommern.

Jenseits der Weichsel bis zur Memel hin blieb der genügsame germanische Stamm der Aesthier mehr als irgend einer fest in seinen Sitzen und das deutsche Element erhielt sich unvermischt. Das Volk bekam später den Namen der Porussen oder Preußen. Beide Völker örtlich nur durch die Weichsel geschieden, haben Jahrhunderte hindurch eine völlig getrennte Geschichte und Entwickelung.

Ums Jahr 890 besuchen die nordischen Reisenden Other und Wulfstan diese Gegenden und berichten darüber an den angelsächsischen König Alfred⁷). Dieser Reisebericht ist uns erhalten, aber in vieler Beziehung dunkel. Der gelehrte um die Geschichte unserer Gegend hochverdiente Johann Uphagen⁸) nimmt an, daß zu dieser Zeit Dirschau so wie Hela, Danzig, Culm, Conitz, Putzig und Graudenz bereits erbaut waren.

Mit der Ankunft des heiligen Adalbert, welcher 997 n. Chr. auf der Weichsel an dem Hügel, auf dem ohne Zweifel schon damals Dirschau stand, vorüber nach Danzig zog, das bei dieser Gelegenheit zum erstenmale in der Geschichte genannt wird⁹), um von dort nach Ostpreußen zu gehen, wo er unter den Streichen der Heiden starb, begrüßen wir die erste Dämmerung des Christenthums. Als aber jene frommen Väter in die Flu-

---

⁵) Plinius Hist. nat. Lib. IV. c. 13.
⁶) Tacitus Germania c. 43.
⁷) Periplus Otheri et Wulfstani exedit. And. Bussael una cum Lexico Arii Polyhist § XII—XVI.
⁸) Johann Uphagen. Parerga historica Danzig 1782. — Gralath Geschichte Danzigs I. 19.
⁹) Cosmas Prag. Chron. p. 83. Ipse vero primo adiit urbem Gidanie, quam maris confinia tangunt.

ren Olivas zogen, da stieg die Sonne des neuen Glaubens in unserer Gegend rasch empor und erleuchtete das ostpommersche Land mit einem ungekannten Glanze. Subislav[10], der Großvater unsres hochgefeierten Wohlthäters Sambor's II. war es, der sie 1170 hierher rief. Aber erst unter seinem Sohne Sambor I. wurde das Kloster vollendet. Von ihm rührt die Stiftungsurkunde, welche 1178 ausgestellt, und also 82 Jahre älter als die Urkunde für Dirschau ist. Es ist dies das älteste schriftliche Dokument des Landes und des Archivs zu Königsberg.

Mögen die Klöster heute für entbehrlich gehalten werden, zu jener Zeit hatten sie eine hohe nie zu verkennende Bedeutung. Wohin sie gepflanzt wurden, da verbreitete sich um sie der beseligende, die ganze Geistesrichtung des Menschen umwandelnde christliche Glaube, da erblühte die Wissenschaft neu, da wurde die Kultur des Bodens eine neue nie gekannte. Wie die Arche Noahs das Lebendige über die unermeßliche, alles ertränkende Fluth hinübertrug bis zu der Zeit, da es trocken ward auf Erden, so trugen die Klöster in ihrem Schooße das Andenken an alles Große und Edle, das in den Schriften des klassischen Alterthums niedergelegt ist, über die Fluth des Mittelalters hinüber zu besseren Tagen. Ohne sie wäre es rettungslos verloren gegangen.

Das Kloster Oliva insbesondere war gleichsam der äußerste nach Osten vorgeschobene Vorposten des Christenthums. Von ihren Hügeln sahen die frommen Väter am fernen Horizont die Ufer der Nogat, die noch die Nacht des finstern Heidenthums begrub. Fast ein Jahrhundert länger dauert dort die Nacht, bis das Schwerdt des deutschen Ordens das leistete, was hier stille Belehrung that. Ehrwürdig möge uns daher immer das Andenken an die Klöster zumal in ihrer ersten schönen Reinheit sein.

---

[10]) Barthold, Geschichte von Rügen und Pommern Bd. II. S. 295 hält Subislav nicht für historisch, da er nicht durch Urkunden erwiesen ist, sondern nur aus dem Chronicon Olivense, das im 14. Jahrhundert geschrieben ist, hervorgeht. Unsre anerkannte Autorität Voigt und der neueste hochverdiente Forscher L. Quandt, dessen herrliche Arbeit (Baltische Studien Jahrg. XVI. Bd. 1. 2.) in diesem Aufsatze vielfach mit Dank benutzt ist, zweifelt an seiner Existenz nicht. l. c. XVI. 2. S. 53. Nimmt man Subislav I. als erwiesen an, so muß man ihn als den betrachten, der die Anlage des Klosters begann, das sein Sohn vollendete. Die Bilder der Herzöge in den Kirchen von Oliva und Pelplin gehören, wie das Kostüm zeigt, dem 17. Jahrh. an.

Dirschau unter den Fürsten Ostpommerns.

In der Geschichte wird es jetzt plötzlich helle, und überrascht sehen wir im Abglanze zahlloser Urkunden das östliche Pommern, regiert von einem frommen Fürstenhause, bedeckt mit vielen zum Theil alten aber neu erblühenden Ortschaften, unter denen unsere Vaterstadt Dirschau bereits einen hervorragenden Namen einnimmt.

Der älteste uns schriftlich überlieferte Name der Stadt ist Trsow[11]) und soll nach dem gelehrten Sprachforscher Mongrowius die Weberstadt bedeuten [12]). Doch ist es auch sehr wohl möglich, daß der slavische Name durch Umbildung eines deutschen entstanden ist oder neben ihm ein deutscher bestand wie bestimmt 50 Jahre später. Auf Hennebergers[13]) Wandtafel vom alten Preußen, die nur eine kleine Zahl von Ortsnamen enthält, ist es mit dem Namen Zursau verzeichnet. In einer am 11. November 1198 zu Schwetz ausgestellten Urkunde, in welcher Fürst Grimislaw den Johannitern das Schloß Stargardt, das an der Stelle des jetzigen Amtsvorwerks lag, mit einem großen Ländergebiete schenkt, werden zur Grenzbestimmung zweimal Wege genannt, einmal der Weg von Stargardt nach Trsow, dann der Weg von Bisino nach Trsow. Bisino ist das heutige Wyszin, eine Meile jenseits Schöneck und der Weg also die heutige Schönecker Straße. Wenn die Wege in einer Entfernung von 3—4 Meilen als nach Dirschau führend bezeichnet sind, so folgt hieraus, daß Dirschau ein im Lande allgemein bekannter Ort, mehr als ein gewöhnliches Dorf, deren ja andere näher lagen, war. Selbst nach dem damals angesehenen Lubisow (Lübschau), das schon eine Kirche mit zwei Priestern hatte, wird er nicht benannt, obgleich er daran vorbeiführt. Es folgt aber ferner, daß unser Ort bereits der Knotenpunkt zweier Straßen war, was zu jener Zeit, wo nur noch der Weg des Herrn Grimislaw, die uralte Handelsstraße von Stargardt über Kokoske und Garczau nach Danzig genannt wird, viel bedeutet. Die Wege führten ohne Zweifel hieher, um wie noch jetzt Produkte des Landes zur Weichsel zu schaffen und von dort zu holen, und Dirschau war also jedenfalls schon 62 Jahre vor seiner Ernennung zur Stadt, vielleicht aber viel früher, ein nicht unerheblicher Handelsort. Ich bemerke bei

---

[11]) Trsow 1198, Trzewo 1253, Tressew 1260. Tresev 1283. 86. Thersou 1301; Dersowe 1252. deutsch Dirsowe 1258. 79. Dirssow 1228. (Quandt l. c. I. 155). In der Stiftungs-Urkunde von 1260 Dersowe.

[12]) Von tkę, tczeez, teze.

[13]) Lebt 1580. Die Tafel ist in Hartknochs Chronik abgedruckt.

dieser Gelegenheit, daß auch Stargardt uralt ist, da es schon 1198 Starogarb, b. h. die alte Burg, genannt wird. Gleichwohl war die jetzige Stadt 1305 [14]) noch Dorf.

Die Geschichte unserer Stadt ist von der Geschichte Ostpommerns, und von der des Fürstengeschlechtes, das in diesem Lande herrschte und lange in Dirschau residirte, untrennlich. Wir können es daher nicht umgehen, sie näher zu betrachten.

Das Land der Pommern zwischen Weichsel und Ober, dem Meere, der Netze und Brahe [15]) zerfällt im Jahre 1107 durch Theilung in eine westliche und östliche Hälfte. Ostpommern reicht etwa bis zum Gollenberge bei Köslin, die Küddow jenseits Schlochau und die Netze bis Fordon bei Bromberg hinab, umfaßt aber jenseits der Weichsel noch die Insel Zanthier, den jetzigen Marienburger Werder. Die Hauptstadt des Landes ist zunächst Danzig allein [16]). Die Leba theilt Ostpommern in Oberpommern oder Pommerellen und Niederpommern oder Kassubien.

Als erster Fürst von Ostpommern wird Swantobor genannt [17]). Ihm folgt Swantopolk I. 1109—48 und diesem der schon genannte Subislaw I., der Stifter Olivas, bis 1178. Diese ersten Fürsten standen noch oft in größerer oder geringerer Abhängigkeit von den Herzogen von Polen und von den Dänen, ohne daß jedoch von einer Eroberung des nördlichen Theils von Ostpommern, insbesondere des Hauptorts Danzig, jemals die Rede ist [18]).

---

[14]) Baltische Studien XVI. I. 119.

[15]) So etwa läßt sich der Umfang bezeichnen. Näheres Quandt baltische Studien XV. 1. 165. ff. 207.

[16]) Die jetzigen Kreise Schlawe, Stolp, Rummelsburg und Bütow, ferner der Schlochauer Kreis und was vom Konitzer östlich, vom Bromberger westlich der Bra liegt, hat erst Swantopolk II. erworben. Der Rest ist also der Urbesitz seines Hauses. Man nannte das um 1250 Oberpommern mit der Hauptstadt Danzig. Es gehörte zur Diöcese des Bischofes von Wladislaw, der bis um 1290 häufig Bischof von Kujawien und Pommern betitelt ward. Der zwischen der Leba und der Kolberger Kastellanei liegende Theil der Kaminer Diöcese hieß Niederpommern.

[17]) Röpell Geschichte Polens I. S. 234 hält es nicht für erwiesen, daß von ihm das ostpommersche Fürstengeschlecht herzuleiten sei. Quandt nimmt ihn für den Ahnherrn der Familie (Baltische Studien XVI. 2. Tabelle).

[18]) Röpell I. 252. 374. setzt das Verhältniß und das was darüber von den verschiedenen Schriftstellern gesagt ist, genau auseinander. Ein Einfluß Polens hat seit der Eroberung Nakels 1109 jedenfalls stattgefunden, ist aber später gänzlich geschwunden. Die Angaben der polnischen Chronisten Kadlubek II. p. 41, Boguphal p. 46, 56, Dlugoss I. p. 538, 545, 609, 635, welche die ältesten pommerellischen Fürsten als polnische Statthalter betrachten wollen, sind wissenschaftlich insbesondere von Gerken

Die Nachfolger und Söhne Subislaw I. sind Sambor I. in Danzig und Mistwi I. zu Belgard an der Leba.

Sambor I. 1178—1207 schaltet in seinem Lande, wie man aus der Urkunde für Oliva sieht, als unbeschränkter Herrscher [19]). Nachdem er 1207 und nach ihm sein minderjähriger Sohn Subislaw II. 1216 gestorben ist, vereint Mistwi I. ganz Ostpommern. Von ihm, dem Vater unseres Sambor II. haben wir unter Anderm eine Urkunde, in welcher er das Nonnenkloster Zuckau an der Rabaune dotirt, und welche mehr als eine andere den Geist der Zeit offenbart [20]). Er scheint auch Dirschau erweitert zu haben und wird oft als Erbauer der Stadt genannt [21]). Er theilt sein Reich unter seine vier Söhne. Swantopolk II., der in der

widerlegt. Die hauptsächlichsten Gegengründe sind: 1) daß vor Sambor I., dem angeblich von Kasimirs eingesetzten Statthalter aus polnischem Adelsgeschlechte, dessen Vater Subislaw in Pomerellen schon 1170 geherrscht hat; 2) daß diese Fürsten sich in ihren Urkunden nicht nur principes Pomeranorum nennen, sondern auch den Titel dux führen; 3) daß schon 1215 sich Subislaw, der Sohn Sambers I., dei gratia dux Pomeraneae nennt; 4) daß die Fürsten seit 1178 alle Hoheits- und Herrschaftsrechte ausüben, ohne daß irgend wie eine Beschränkung durch polnische Oberhoheit hervortritt. Zu vergleichen ist: Joh. Uphagen, Ehrenrettung der polnischen Geschichtschreiber 1774.

[19]) Ego Scbamborius, princeps Pomeranorum scire cunctos volo, me viris Religiosis. Cysterciensis ordinis, quos dei pietas collocavit in loco, qui Olyva dicitur, constructo in mea propria possessione, que mihi evenit de paterna hereditate, pro remedio anime mee ac uxoris mee liberorumque ac parentum meorum ad sustentationem eorundem sanctorum fratrum septem villas cum omnibus attinenciis ac proventibus suis sub testamento contulisse et de nostra in eorum delegasse potestate atque dominium Villarum autem nomina — hec sunt: Olyva ubi cenobium constructum est, Saloovitz, cet. cet. Datum in castro nostro Gdanzc. Anno ab incarnacione Domini MCLXXVIII. XV. Cal. April.

[20]) Hirsch, Pommerellische Studien des Klosters Zuckau S. 6. Ich, Mestwin, von Gottes Gnaden Fürst in Danzig allen Christen Gruß und ewiger Seligkeit Gemeinschaft! Da zeitliche Wohlthaten für Christus geübt, ewige Freude zum Lohne haben, so haben wir es für werth gehalten unter dem Schutze der göttlichen Gnade ein frommes Angedenken zu stiften, welches uns unsern Vorfahren und Nachkommen und allen unsern Rittern zum ewigen Heile nützlich sein soll. Es sei daher allen Gläubigen, die dieses Blatt sehen, offenkundig, daß ich Mistwi, jetzt Fürst in Danzig, mit Zustimmung unserer Söhne Swantopolk, Wartislaus, Sambor und zugleich unserer Hausfrau zu einem Kloster für die Nonnen, welche Gott und der heiligen Maria dienen, folgende Summe unseres Eigenthums in Dörfern, Feldern, Wäldern, Weiden, Fischereien, Bächen, Flüssen, den Bibern eingeschlossen, welche sich in den Grenzen des Klosters aufhalten, als eine unverletzliche Gabe verleihen u. s. w.

[21]) Katholische Kirchen-Visitationsverhandlung von 1765 vom Archidiaconus Klinsky. Manuscript der Kirche zur heiligen Kreuzerhöhung in Dirschau.

Geschichte einen hervorragenden Namen einnimmt, erhält Danzig. Er ist allein großjährig und verwaltet das Erbtheil seiner Brüder. Der zweite Sohn, Wratislaw I. erhält Schwetz, Sambor II. Lubisow (Lübschau) und Ratibor Belgard an der Leba. Schwetz und Lubisow waren schon früher Sitze mächtiger Dynasten gewesen, Schwetz des Grimislaw, der, wie oben erwähnt ist, einen Güterbezirk an die Johanniter verlieh, Lübschau des Martinus um 1178, vielleicht Verwandte des Fürstenhauses.

Uns geht wesentlich die Geschichte Sambor II., des Herrn und Wohlthäters unserer Stadt an. Er muß um 1208 geboren sein, da er nach dem 1220 erfolgten Tode seines Vaters noch 12 Jahre unter der Vormundschaft seines ältern Bruders Swantopolk steht. Sambor wohnt um 1229, also mit 21 Jahren, bereits in Lübschau, wie aus einer mit seinen Brüdern zugleich dort unterzeichneten Urkunde hervorgeht[22]). In diesem Jahre war der zweite Bruder in Schwetz gestorben und die Brüder theilten die Erbschaft. Auf jenem von verfallenen Gräben umgebenen Hügel, auf welchem noch heute die altehrwürdige Kirche von Lübschau steht, findet der Todtengräber oft in der Tiefe verfallenes Gemäuer; das sind die Grundsteine der alten Burg Sambors II. Wohl mag jener Hügel damals nicht so leer und öde dagelegen haben, sondern umringt von uralten Eichen, deren letzte Brüder man noch heute im nahen Goschin schaut.

Als Reich Sambors haben wir uns den jetzigen Stargardter, Berenter und Karthäuser Kreis, das Amt Mewe, das ganze Marienburger und das obere Danziger Werder, in welchem schon damals Stüblau, Gemlitz, Gütland lagen, zu denken. In die Jugendzeit der Regierung Sambors fällt der Bau der hiesigen katholischen Pfarrkirche zur heiligen Kreuzerhöhung 1226[23]). Zur Zeit der Ausstellung der Fundationsurkunde für Dirschau muß sie jedenfalls schon vorhanden gewesen sein, da der Pfarrer von Dirschau als Zeuge fungirt.

Um's Jahr 1232[24]) vermählte sich Sambor mit der in unsrer Verleihungs-Urkunde genannten Mathilde, Tochter Heinrich Borwins II., Herzogs von Mecklenburg[25]). Ihre vier Brüder (Johann I., Heinrich, Borwin III., Nicolas I., Pribislaw III.) sind die Stifter der vier mecklenburger Herrscherlinien, welche 1471 unter Heinrich dem Fetten vereint

---

[22]) Quandt. Baltische Studien XVI. 101.
[23]) Katholisches Kirchenbuch von 1746. Ecclesia in Civitate Dirschaviensi tota muro solido constructa a duobus Choris majori et minori fundata ab illustrissimis Ducibus Pomeraniae Anno 1226 sub titulo Exaltationo Sanctae Crucis.
[24]) Hirsch. Das Kloster Judau. S. 26, Beilage IX.
[25]) Quandt. Baltische Studien XVI. 110.

werden. Im Jahre 1701 trennen sich die Linien Mecklenburg-Schwerin und Mecklenburg-Strelitz, letztere unter Adolph Friedrich III. Dieser war der Großvater unserer hochverehrten Königin Louise, Gemahlin Friedrich Wilhelm III., und also Urgroßvater unserer jetzigen Königlichen Herrscher. Vielleicht mißfiel der hohen Fürstin die Residenz in Lübschau, vielleicht auch war diese zu entfernt von der Weichsel, welche die heidnischen Preußen 1224 und 1234 überschritten, um das christliche Pommerellen mit Raubanfällen zu überziehen, das Kloster Oliva zu zerstören und seine Mönche zu ermorden. Kurz Sambor beginnt jetzt den Bau seiner Burg in Dirschau und residirt dort seit 1243[26]). Da, wo heute nahe der Weichsel uraltes Mauerwerk einen freundlichen Garten einschließt, über welchen ein mächtiger Kastanienbaum sich hoch erhebt, stand Sambors Schloß, nächst Oliva eins der ältesten Denkmäler des Landes[27]). Fromm und demüthig, das Kreuz auf der Brust, aber stets zum Schlagen und Kämpfen bereit, in ehernes Gewand gekleidet, wie ihn Kullrich durch sein schönes Kunstwerk verewigt hat[28]), so wandelte der alte Fürst in jenen Räumen. Den Falken auf der Hand, wie ihr Siegel an unserer Urkunde sie darstellt, so jagte die Fürstin Mathilde ihre jugendliche, hoher Bestimmung gewidmete Tochter Margarethe neben sich, aus jenem alten Burgthor über die Fluren Dirschau's.

Viele frohe und trübe Geschicke waren unserm Fürsten hier beschieden. Festlich mögen die Banner auf der Burg geweht haben, festlich mag jedes Haus in Dirschau geschmückt worden sein, als 1249 Christoph, der künftige König von Dänemark, sich mit Sambors Tochter Margarethe vermählte. Sie wurde die Mutter des in der Geschichte bekannten Königs Erich Glipping, während dessen Minderjährigkeit sie in Dänemark die Regierung unter dem Namen Margarethe Sprenghengst, mit Kraft führte. Die männlich kühne Frau lebte bis 1283 und das Andenken der „verwegenen schwarzen Rossetummlerin", dauerte noch Jahrhunderte lang in

---

[26]) Quandt. Baltische Studien XVI. 2. Fürstentafel.

[27]) Der Platz wurde von August III. 1747 der Stadt in Zeit gegeben. Heute ist die nördliche Mauer, welche in der Richtung der alten Stadtmauer liegt, 186 Fuß lang und 6—10 Fuß hoch, 3 Fuß dick. Sie enthält 5 gewölbte Oeffnungen je 3 Fuß breit und 3½ Fuß hoch. Die östliche der Weichsel parallele Mauer ist, soweit sie als uralt betrachtet werden kann, 134 Fuß lang und 9 Fuß hoch, 4 Fuß dick und hat einen Strebepfeiler. Die Höhenmaaße sind von außen genommen, im Innern ist das Erdreich, besonders am nördlichen Ende, viele Fuß aufgefüllt. Von dieser Seite sind die höchsten Stellen 5½ Fuß hoch.

[28]) Zur Feier des 600jährigen Jubeltages ist eine Medaille geprägt, welche auf der einen Seite Sambor, auf der zweiten eine Seitenansicht der Weichselbrücke darstellt.

den Sagen der Dänen fort²⁹). Ihre Nachkommen herrschten in männlicher Linie bis 1375 über Dänemark.

Wenige Jahre später hatte Sambor das schwere Schicksal, seinen einzigen Sohn Sobeslaw zu verlieren, aber es blieben ihm noch 3 Töchter, Euphemia, welche Boleslaw, Herzog von Schlesien, heirathete, Salome, welche sich mit Semomysl, Herzog von Kujawien, vermählte und bis 1314 lebte, und Gertrud, später Herrin der Kastellanei Pirsna im Karthauser Kreise.

Gegen die Geistlichen zeigte sich Sambor als gütiger Wohlthäter. Dem Bischofe Michael von Kujawien³⁰) verlieh er die Kastellanei Gorrenczin im Rabaunengebiete, eine kostbare Landschaft mit 18 Dörfern, dem Kloster Zuckau das Dorf Wabine und jährlich 10 Urnen Honig³¹) und zu Pogutten stiftete er ein Kloster, das 1274 d. 5. Jan. nach Pelplin verlegt wurde. 1243 — 48 lebte er in Fehde mit seinem Bruder Swantopoll³²), doch wurde später die Eintracht nicht gestört³³). Im Jahre 1260 erhob er Dirschau zur Stadt. Die Urkunde, welche im Archiv zu Königsberg aufbewahrt wird³⁴) ist auf Pergament ausgestellt und mit zwei großen an rother Seide hängenden Siegeln versehen. Das eine ist herzförmig, hat in der Mitte den Greif und die Umschrift Sigillum Samborii ducis pomeranie, das zweite ist rund, enthält eine Frauengestalt, die auf der Haub einen Falken trägt und zur Seite zwei Lilien. Die Umschrift lautet: Sig. Mahtildes Ducisse Pomeranie. Die Urkunde, im Original lateinisch, (Beilage Nr. II) lautet, übersetzt wie folgt:

²⁹) Dahlmann I. 421. Sahm X. S. 846. 48. 856. Bartholb, Geschichte von Rügen und Pommern. II. 568.

³⁰) Hirsch, l. c. S. 20.

³¹) Hirsch, Beilage XI.

³²) Swantopoll sagt hierüber: Hierauf begann er mit diesen Rittern eine Burg Gorbin (Gerdin) zu errichten, zum Verderben von ganz Pommern, sammelte gegen mich ein Heer und zog sich mit den Rittern in diese Burg. Allein durch Gottes gerechtes Gericht ward dieses Heer von mir besiegt. Ich rückte nun gegen die Burg, nahm ihre Festungswerke ein, und ob ich gleich Böses mit Bösem hätte vergelten können, ließ ich dennoch meinen Bruder mit den Rittern frei abziehen. Drauf faßte er mit meinem Bruder Ratibor den Plan, meine Burg Slanz einzunehmen; bevor sie beide aber zusammenkamen, fiel Sambor in die Hände meiner Ritter. Ich ließ ihn in die Burg gefangen setzen, doch bald von brüderlichem Mitleid bewogen, gab ich ihn in einer Versammlung meiner Ritter seinem Lande wieder zurück. Vogt II. 608. Urkunde der Bischöfe von Culm und Cujawien. — Swantopoll konnte die Burgen Gorbin und Slanz nur deshalb die seinen nennen, weil er sie kürzlich erobert. Sie lagen in Sambors Gebiet.

³³) Der päpstliche Legat befahl die Versöhnung.

³⁴) Die Urkunde ist uns durch Güte des Herrn Ober-Präsidenten Eichmann zur Jubelfeier im Originale übersandt.

Im Namen des Vaters des Sohnes und des heiligen Geistes Amen.

So wie wir das Vergangene, was vormals gewesen ist, nicht wissen können, so wird man zuletzt nicht einmal dessen gedenken, was noch zukünftig ist, weil mit dem Laufe der Zeit auch die in der Zeit geschehenen Handlungen vergehen. Dieselben können aber für die Dauer erhalten werden, wenn sie durch das Wort der Zeugen oder durch eine schriftliche Urkunde Bestätigung erhalten.

Wir Sambor, von Gottes Gnaden Herzog von Pommern haben mit dem Wunsche, daß, was durch uns geschieht für alle Zeiten unverletzlich bleibe, mit Zustimmung und Einwilligung unsrer Gemahlin, ingleichen nach dem Rathe unserer Kinder und Barone in Dirschau eine Stadt gegründet. Wir verleihen ihr in allen Stücken das Lübische Recht, uns aber und unsern rechtmäßigen Erbfolgern behalten wir die Herrschaft in der Weise vor, wie unsers Gleichen in ihren Staaten herrschen. Wir haben genannter Stadt freie Wiesen mit aller Nutzung übergeben. Ihre Länge erstreckt sich vom obern südlichen Ende der Stadt in der Nähe der Weichsel längs derselben nach unten gemessen volle 82 Faden [35]). Dann von der Weichsel nach Spancowa ziemlich gerade ausgehend dehnt sich die Breite bis auf 27 Faden aus.

Hier nehmen wir jedoch das Stück aus, welches von den oben genannten Grenzen bis an den kleinen See geht, welcher Jesniez (Ellerholzchen?) genannt wird und ein Gemeinplatz zum Gebrauch für alle benachbarten und fremden Leute wie auch für die Wirthe sein soll. Außerdem haben wir der vorbesagten Stadt zur Viehweide mit derselben Freiheit und allen möglichen Nutzungen, sowie wie es bezüglich der Wiesen vorhin gesagt haben, ein Stück von 90 Faden Länge verliehen. Diese Länge nimmt ihren Anfang von der Grenze der Stadtgärten in der Richtung nach Westen so weil bis die Zahl der genannten Faden voll ist. Dann erstreckt sich die Breite (dieses Stücks) von der Grenze, welche wir am Czadeliner Wege bezeichnet haben, nach Norden hinauf bis 90 Faden voll sind, und weil wir schon die Grenzlinie bei der Stadt (im Norden) einmal gesteckt haben, so werden die Faden für diese Länge (im Süden) durch nochmalige Wiederholung der frühern festgesetzt.

Wir geben oben darein die Weichsel zur freien Nutzung der Fischerei von der Grenze von Gordin und Prebanowe hinab, bis zu dem Orte wo unten die Wiesen der Stadt aufhören. Wenn aber innerhalb jener städtischen Grenze Metall irgend welcher Art gefunden wird, so wollen wir ohne Widerspruch darüber verfügen.

Wenn irgend einer innerhalb des städtischen Gebiets sich vergeht, soll er gerichtet werden, als ob er in der Stadt sich vergangen hätte. Vom Ertrage dieses Gerichts behalten wir uns den dritten Theil vor.

Von den Steuern der Fähren und Mühlen, welche auf der Weichsel sind, oder künftig innerhalb der genannten Grenzen gebaut werden, erhalten wir unbeschadet der übrigen Freiheit zwei Theile, die Stadt den dritten. Für uns aber behalten wir uns das Geldprägen sammt dem Zollamte vor. Sollte eine Fälschung im Gelde bemerkt werden, so überlassen wir es dem Schuldheiß und den Räthen es zu prüfen.

---

[35] Ein Faden hat 10 Ruthen.

In Bezug auf die genannten Mühlen und Fähren will ich, daß weder die Räthe ohne mich, noch ich ohne ihren Beirath etwas anordnen. Uebrigens spreche ich die Bürger dieses Ortes mit allen die in ihrem Bezirke wohnen von allem Zoll an unsre Herrschaft jetzt und für alle Zeiten gänzlich frei und ledig.

Wir fügen ferner hinzu, daß sie, damit sie ein passendes Gericht haben, wenn ihnen kein Gesetzesausspruch bekannt, oder ein vorhandener dunkel ist, den Rath von Elbing fragen sollen.

Hingegen haben die genannten Räthe uns freiwillig den dritten Theil der Geldstrafe zu geben, welche bei den Deutschen Vorfalunge genannt wird.

Wir wollen ferner nicht, daß sie selbstständig ohne uns neue Einrichtungen treffen, durch welche uns ein Nachtheil oder unserm Lande ein Mangel oder eine Beschwerde entstehen kann.

Als Anerkennung der Unterthänigkeit soll aber jeder Hof der Stadt uns jährlich sechs Dirschauer Groschen bezahlen.

Keiner der Bürger darf irgend einem Geistlichen seinen Hof oder sein Haus, das innerhalb der Mauern gelegen ist, schenken oder verkaufen ohne unsere Erlaubniß und zugleich die Bewilligung der ganzen Bürgerschaft.

Damit aber dies ewige Geltung behalte, haben wir dies Blatt mit unserm und unserer Gemahlin Siegel bestätigen lassen. Gegeben auf unsrer Burg zu Dirschau im Jahre des Heils 1260.

Dieses Aktes Zeugen sind: die Priester Herr Heinrich von Mynda, vom Orden der Cistercienser, Herr Johannes, Ortspfarrer in Dirschau, die Kriegsleute Johann von Witten, Heinrich von Bruns, die Bürger Heinrich Schilder und Johann von Braunschweig.

Wie wir schon aus Namen der Zeugen sehen, war es eine Stadt für Deutsche die Sambor hier gründete, und wir haben uns das Leben in der ersten Zeit als ein durchaus deutsches zu denken [36]). Der Fürst giebt zuerst ein Recht, dann das Ländergebiet, das im Wesentlichen das heutige ist, obgleich später noch andere Verleihungen hinzukamen.

Die Erhebung zur Stadt hatte noch andere Folgen. Wie im alten Germanien so gab es auch in Pommern in ältester Zeit keine Städte [37]). Der Sohn der Natur gewöhnte sich schwer an das beengende Leben Eine Stadt setzte stets eine Burg voraus und unter deren Schutz verfahen sich die Einwohner nun selbst mit Mauern und Wall. Beide schützten und deckten sich gegenseitig. Es ist anzunehmen, daß die Mauern unsrer Stadt und die Gräben welche sie umgeben im Wesentlichen aus jener Zeit herrühren.

Als Swantopolk in Danzig gestorben war, strebte dessen Sohn Mistwi II. nach der Alleinherrschaft von Ostpommern, und seine Kriege mit seinem

---

[36]) Bartholdt II. 499. Voigt III. 269. Sell. Geschichte Pommerns, Band I. Seite 383.

[37]) Voigt III. 483.

Oheim Sambor verliefen für diesen so unglücklich, daß er 1273 nichts behielt als die Stadt Dirschau und ihr nächstes Gebiet.

Aber der alte Fürst ahnte bereits die Vollendung des Geschicks seines Hauses und Volkes. Er hatte sich zwar stets freundlich gegen den deutschen Orden gezeigt, ihm auch 1251 die Insel Zanthier, den großen Marienburger Werder verkauft, aber dessen wachsende Macht wurde mehr und mehr gefährlich. Noch war der Grundstein zur Marienburg nicht gelegt, aber schon fing der Orden an, nicht nur jenseits sondern auch diesseits der Weichsel seinen Willen allein gelten zu lassen. Ein Sohn war Sambor II. nicht geblieben, darum gab er bald auch Dirschau an seinen Neffen Mistwi II. unter der Bedingung, daß der Sohn seiner Tochter Salome in Kujawien die Nachfolge erhielt, sowie der Tochter Gertrud die Herrschaft Pirsna im Karthäuser Kreise. Er lebte nun theils bei seiner Tochter, der Königin von Dänemark, theils bei der zweiten, der Herzogin von Kujawien (im Posenschen), dort starb er durch Gram und Kummer gebeugt im Jahre 1278, etwa 70 Jahre alt, und wurde in Inowraclaw begraben[38]).

Sein Neffe Mistwi II. regierte über ganz Ostpommern bis 1295 (Ende Juli oder Anfangs August). Von ihm ist das hiesige Dominikanerkloster gegründet 1289[39]), das seit 1853 evangelische Kirche geworden ist. Dieses herrliche Gebäude ist also gleichzeitig mit dem Schlosse zu Marienburg und dem Kloster zu Pelplin erbaut.

Als Mistwi II. 1295 kinderlos starb, beanspruchten die Markgrafen von Brandenburg Pommern nach früheren Verträgen, der Großsohn der Schwester Sambors[40]), Preczemislaw, Herzog von Polen, nahm es aber als Erbe in Besitz, und wurde auch 1295 den 26. Juli[41]) in der Kirche zu Gnesen feierlich zugleich zum Könige von Polen und Herzoge von Pommern gesalbt. Er erregte die größten Hoffnungen; aber schon im nächsten Jahre wurde er ermordet.

---

[38]) Dlugoß I., 813, erzählt Sambors Ende wie folgt: Samborius dux, frater Swantopolci et filius Mscugii persecutionem gravem nepotis sui Mscugii pertulit, quem illi Deus adversarium suscitaverat. Qui ab eo fugatus de terra et a Cruciferis recollectus in Thorum aliquanto tempore stetit. Abinde vero dissimulato habitu, intercipi enim se a Cruciferis verebatur, discedens, ad filiam suam Cujaviae Ducissam confugit et illic defunctus apud Janiwladislaum extat tumulatus.

[39]) Katholisches Kirchenbuch zu Dirschau. Gralath Geschichte Danzigs. I. 54.

[40]) Im Gedränge mit dem deutschen Orden hatte er den Markgrafen Johann, Otto und Konrad sein Land übertragen und es als Lehen zurückempfangen. Barthold II. 536.

[41]) Röpell, Geschichte Polens I. 555.

Jetzt machte Leszek, der Großsohn Sambors II. und Sohn der Herzogin von Kujawien, Anspruch sowohl auf die Krone Polens als auf das Herzogthum Pommerellen, und fand in seinem Heimathlande großen Anhang⁴²). Doch trat er zu Gunsten seines Oheims Wladislaw Lokietek, Herzogs von Polen und Kujawien, zurück⁴³). Dieser setzte nun unter seinem Schutze Sambors Großsöhne: den Leszek in Wischegrod, den Premislaw in Schwetz, und Kasimir in Dirschau ein. So wurde die Burg des alten Sambor wieder von seinem Enkel bewohnt. Aber es war der letzte Sproß des hohen Fürstenhauses.

Der deutsche Orden konnte auf seinem Eroberungswege nicht mehr Halt machen. Von Wladislaw in Danzig gegen die Brandenburger zu Hilfe gerufen, behielt er schließlich die dortige Burg und mußte nun, um die Verbindung mit Marienburg herzustellen, das stark befestigte Schloß und die Stadt Dirschau haben. Ende 1308 zog er vor dessen Mauern. Herzog Kasimir begab sich in's Feldlager und bat den Landmeister Heinrich von Plotzke, die Stadt mit einer Belagerung zu schonen. Dieser gab ihm zwar ein Gastmahl, forderte ihn aber auf, sich zu vertheidigen, oder frei abzuziehen. Da entflammte der Muth der Bürger; ein ehrloser Abzug wurde abgeschlagen und die Belagerung begann. Es wurden mit Sehnen versehene Wurfmaschinen unter den Mauern aufgestellt⁴⁴), und Tag und Nacht Schloß und Stadt beworfen. Es wurden Galgen errichtet und gedroht, den Rath der Stadt daran zu hängen, wenn sie mit Sturm genommen würde. Aber alles vergebens. Als endlich der Uebermacht nicht zu widerstehen war, legten die Bürger Feuer an Stadt und Burg und der Feind fand nur einen Schutthaufen. Das war die Leichenfackel, welche unsere Vorfahren ihrem erlöschenden Fürstenhause anzündeten⁴⁵).

---

⁴²) Röpell I. 559.

⁴³) Beilage III. Urkunde in welcher er der Stadt Dirschau eine Badstube und einen Berg verleiht. Dies ist, wie aus den späteren Urkunden von Stephan Batory hervorgeht, der Samaiten-Berg, derselbe, auf welchem jetzt der Bahnhof steht.

⁴⁴) Vogt IV. 219. Dlugoss p. 930.

⁴⁵) Es dürfte an dieser Stelle nicht unangemessen sein, einiges über die Ortschaften um Dirschau unter den Pommerellischen Fürsten zu sagen: Gerbin, Gorbin 1248, 51, baute Sambor 1243 als Burg, eroberte Swantopolk in der innern Fehde, hatte Sambor 1251, trat Mistwi 1282 als verwüstete Stadt dem Bischofe von Plotzk ab, mit selben Slanza und mit Wiesen jenseits des Stridoc (1342 Dryboc, jetzt Tribof). Die Burg Slacia wurde 1245 erbaut. 1291 verkaufte Kl. Schlanza ein Ritter an den Orden. Es war in dieser Gegend das erste Besitzthum desselben diesseits der Weichsel. Aus Garce, Klein Garz, datirt Mistwi 1282. Zu Lubschau gehören in ältester Zeit die Kirchspiele Stüblau, Gemlitz, Güttland, Mühlbanz, Lübschau, Garczau, Dirschau, Rakkau und Sub-

Dirschau unter dem deutschen Orden.
(1308—1466.)

Die tapfere Vertheidigung Dirschau's wurde den Einwohnern vom Orden schwer angerechnet. Kaum ist eine Stadt nach einer Eroberung jemals grausamer behandelt. Man verbannte die Bürger. Es war Winterszeit, deshalb wurde ihnen gestattet, bis Pfingsten am Orte zu bleiben. Sie hatten aber eine Erklärung auszustellen, daß sie dann allzumal ihre Stadt verlassen und nie wieder in ihre Mauern oder überhaupt nach Pommern zurückkehren würden, ohne des Ordensmeisters und der Gebietiger besondere Erlaubniß, doch so, daß ihnen freistehen sollte, sich in andere Städte und Dörfer des Ordensgebietes hinzubegeben. Die am 7. Februar 1309 ausgestellte Urkunde ist noch vorhanden. (Beilage IV.).

Arm und entblößt von Allem, aber reich an unsterblicher Ehre wanderten sie aus.

Das Verfahren des Ordens ist kaum verständlich. Man kann nur annehmen, daß er eine so wenig fügsame, selbstständige tapfere Bevölkerung fürchtete. Man kann aber auch vermuthen, daß, als der Friede im Lande hergestellt war, vielen oder allen die Rückkehr wieder gestattet wurde.

Auch nach der Eroberung der festen Plätze Danzig, Dirschau und Schwetz kam der Orden nicht sofort in den ruhigen Besitz Pommerellens. Vieles erwarb er durch Kauf. So besaß Sambors dritte Tochter Gertrude ostwärts vom Rabaunensee, im heutigen Karthauser Kreise die Herrschaft Pirsna mit 22 Dörfern[46]). Der Orden erwarb sie für 300 Mark. Die im Gebiete von Dirschau liegenden Dörfer Gerbin, Schlanz und

---

lau. 1243 tritt Dirschau als Hauptort an die Stelle von Lübschau. Thure, Thurn mit See (Groß und Klein Turze) war von Mistwi I. den Johannitern verliehen, nebst Malenino (Mahlin) ihnen durch Sambor entzogen, von Swantopolk 1248 in den innern Fehden zurückgestellt, mit Malsowe (Malsau) 1258 von Sambor verliehen. Zagonczlowo, d. i. Liebenhof, Mylebanze, Moscinoe (Mestin) erhält der Bischof 1289. 1385 war Dietrich von Czirbeczin (Czierbienczin) Landschöppe zu Dirschau. Spengawken und Spangau haben beide den Namen von der Spengawa, die von dem ersten Orte kömmt und auch vor Anlage des Dirschauer Mühlenkanals bei Spangau vorbeiging (jetzt nur zum Theil). Quandt, Baltische Studien.

46) Nach einer Urkunde datirt Slupsta a. d. 1284 hatte Mistwi II. der Fürstin Gertrude, die er Soror nostra nennt, das Recht verliehen, nach seinem Tode mit der geschenkten Besitzung ganz nach ihrem Willen zu schalten. Geheimes Archiv zu Königsberg Schieblade XLIX. No. 27. 28. Vogt, Geschichte Preußens. IV. 286.

Brucz erwarb er vom Bischof von Ploczk⁴⁷). Von den Johannitern kaufte er 1334 die westlich von Dirschau im Gebiete von Lübschau und Schöneck gelegenen Güter⁴⁸).

Unterdessen hatte Wladislaw den Orden beim Papste verklagt, weil er Danzig, Dirschau und Schwetz, uralte christliche Städte, grausam eroberrt und sich keineswegs mit der Heidenbekehrung begnügt habe. Der Papst ordnete 1320 eine Untersuchung an und auch in Dirschau wurden Zeugen vernommen⁴⁹). Die päpstlichen Schiedsrichter fällten auch wirklich das Urtheil, daß der Orden Pommerellen nebst schwerer Entschädigung zurückzugeben habe. Die Priore des Prediger=Ordens in Elbing, Danzig, Culm, Thorn und Dirschau verwandten sich aber beim Papste Benedict XII. für den Orden⁵⁰), indem sie seine Verdienste, insbesondere um die Bekehrung der Heiden rühmten, und 1335 den 24. November kam der Friede zu Wissegrod zwischen König Kasimir von Polen und dem Orden zu Stande, welcher bestimmte, daß der Orden das Land Pommern nach seinen alten Grenzen für immer ungestört im Besitze behalte.

Unterdessen hatte er aber als Herr im Lande geschaltet und wir besitzen eine Urkunde vom Hochmeister Werner von Orzele⁵¹), (demselben, welchen der Ritter Johann von Ginborp vor der Betkapelle im Schlosse 1330 erstach), in welcher er Schliewen an Dirschau verkauft. (Beilage V.).

Das Ordensgebiet wurde allmälig in etwa 24 Bezirke, Komthureien und Vogteien getheilt. Dirschau wurde die Hauptstadt eines Bezirks, und es sind uns die Namen von 14 hier residirenden Vögten aufbewahrt, darunter ein Graf von Zollern 1396—1402, der sich bei der Belagerung von Wilna (1394) durch seinen persönlichen Muth in hohem Grade auszeichnete⁵²). Ihr Sitz war die sogenannte Komthurei auf der Nordseite des Marktes, welche 1364 bereits errichtet war (Beilage VI.).

Sie werden in der Geschichte nicht selten genannt, bald als Schiedsrichter⁵³), bald als tapfere entschlossene Kämpfer.

Mit Winrich von Kniprode, der 32 Jahre 1351—83 Hochmeister ist,

---

⁴⁷) Voigt IV. 287.
⁴⁸) In Lübschau saß damals ein Pfleger (provisor) Johannes Stapel.
⁴⁹) Voigt IV. 339.
⁵⁰) Voigt IV. 526.
⁵¹) ben irstach bruder Johan von ginborp an sinte Elyzabeth obende zeu marienburg vor der Kirchen als her von der vesper gink. Chronik von Johannes von der Pusilie S. 361. — Eine alte Chronik sagt: Interfectus est dum exiret capella juxta porticum.
⁵²) Voigt VI. S. 27.
⁵³) 1320 schlichtete der Voigt von Dirschau einen Streit des Klosters Oliva.

begrüßen wir die Blüthenzeit des deutschen Ordens. Versuchen wir, um ihn, der heute hoch zu Roß unser Brückenportal ziert, das damalige Dirschau wieder aufzubauen.

Der schwarze Tod, eine Art der Pest, hatte so eben, 1350, Europa und auch unsere Stadt verheert. Der Besitzstand war nirgend geregelt. Was Sambor der Stadt 90 Jahre vorher verliehen, war durch die Kriege zweifelhaft gemacht. Winrich gab auch den hiesigen Bürgern ein festes Gesetzbuch, das kulmische Recht, und ein nach Hufen bestimmt begrenztes Areal. Die Verleihungs-Urkunde hieß die Handfeste (Beil. VII.). Sie bestimmte unter andern auch, daß um die Komthurei (unser hus) 5 Ruthen, d. i. 75 Fuß, rings frei bleiben und nach der Klosterseite hin kein Haus errichtet werden solle. Denken wir uns auch das Rathhaus von allen Umbauten frei, so stand dies, die beiden Kirchen und die Komthurei, auf einem großen freien Platze. Die Befestigungen der Stadt in ihrem späteren Umfange haben wir wesentlich in diese Zeit zu setzen, obgleich sie schon unter Sambor vorhanden waren. Eine hohe mit Thürmen versehene Mauer, von einem Graben eingeschlossen, umgab die Stadt[84]). Durch Zugbrücken vor den Thoren konnte sie völlig gesperrt werden.

In diese Zeit fällt auch die Anlage des Mühlenkanals, welcher noch heute für die Dirschauer Ländereien von Bedeutung ist. Das von Spengawsken und Tours herabkommende Wasser hatte sich ursprünglich auf geradem Wege, wahrscheinlich bei Gütland in die Weichsel ergossen. Durch Anlage der Dämme wurde dieser Abfluß gesperrt und dadurch Ueberschwemmung des Landes herbeigeführt. Deshalb wurde der Bach in der Nähe von Lübschau durch einen Damm gesperrt, (wodurch der Lübschauer

---

[84]) Das Bild Dirschaus in Hartknochs Chronik, ist wie die Lage der Kirchen zu einander ergiebt, ein Phantasiebild. Mauern und Thürme können wir jedoch als ähnlich ansehen. Die Mauern stehen zum Theil noch, obgleich sie jährlich mehr verschwinden. Von den Thürmen ist die Wand des einen, nach Süd-Westen hin unfern des ehemaligen hohen Thors, neben der früheren 1853 abgebrochenen evangelischen Kirche noch heute sichtbar. Das Fundament eines zweiten sah man 1818 im Grunde des Teiches, welcher der Stadtgraben heißt, ein dritter (der Diebsthurm) hat neben dem ehemaligen Mühlenthor, etwa 30 Schritte von der Pfarrkirche zur Kreuzerhöhung gestanden. Das hohe (nach Westen liegende) Thor haben noch die Väter der ältesten jetzt lebenden Einwohner als eine mit einem Thurme versehene Durchfahrt, gekannt, wie sie in Hartknoch abgebildet ist. Der Stadtgraben war mit Wasser gefüllt, und gewölbte Bogen zur Durchfahrt von Kähnen sieht man unmittelbar neben den ehemaligen Thoren noch heute. Die drei Thore wurden bis in unsere Zeit geschlossen und gingen erst um 1820 ein. Vergleiche Manuscript vom Hofgerichtsrath Lucanus von 1749 im Archiv zu Königsberg.

See wohl erst entstand) und in einem mehr als eine Meile langen Kanale nach Dirschau geleitet, wo er bis um's Jahr 1846 südlich von dem westlichen Theile des jetzigen Bahnhofs eine Mühle und zuletzt auch einen Eisenhammer trieb [35]). Diesen Bau leiteten die Mönche des Dominikaner-Klosters.

Das innere Städteleben bekam unter Winrich eine neue Richtung. Die Bürger wählten einen Rath, in der Regel jährlich, und der Hochmeister bestätigte ihn. Die Kleidung der Stände wurde genau bestimmt. Bürgermeister, Schultheißen und Rathsherren trugen im Winter einen langen Mantel und ein Marderfell um den Hals, im Sommer einen Hut mit drei silbernen Knöpfchen und einen Gürtel mit silbernen Spangen nebst Degen mit silberner Scheide. Den Kaufmann zeichnete ein seidenes Wams und ein goldener Ring aus, auf welchem sein Kaufmannszeichen eingegraben war, womit ein jeder seine Waare zu bezeichnen hatte.

Der gemeine Bürgersmann trug Lundisches Gewand, doch mit silbernen Heften geschmückt. Alle sollte der männliche Schmuck des Bartes zieren. Der Kopfputz der Frauen waren Sammethauben in der Form der Fürstenhüte, nur obenhin mehr gespitzt und zugebogen; die reicheren durften sie mit Goldstoff oder goldenen Borden schmücken. Den Rathsherrntöchtern sollte vergönnt sein, ihr Haar mit Perlenkränzen oder silbernen Spangen, minder vornehmeren das ihrige mit gebogenen oder ungebogenen Flittern zu zieren. Es sollen alle mit dieser Tracht sehr wohl zufrieden gewesen sein. Weniger harmlos, aber gewiß für Ruhe und Ordnung in der Stadt nicht entbehrlich, war der Bau des Galgens im Westen der Stadt. Wenn man heute den die Eisenbahn auf dem Wege nach Spangau überbrückenden Viadukt überschritten hat, findet man wenige hundert Fuß weiter am Wege links ein für fromme Katholiken errichtetes umgittertes Kreuz. An ihm führt ein Feldweg links zu einem südlich liegenden Bruche. Neben diesem stand jener in der Geschichte des Mittelalters so häufig genannte Schreckensbau. Es war ein etwa 30 Fuß im Durchmesser haltender, von 10 Fuß hoher kreisförmiger Mauer umgebener Raum, in den ein Thor führte. Auf der Mauer waren zwei Pfeiler errichtet, welche ein Querholz verband, an das man die Missethäter hing [36]). Das Richteramt verwaltete

---

[35]) Behufs des Brückenbau's und der Bahnhofsanlage wurde der Ausfluß verlegt der Bach trieb zuletzt die Kieswäsche und bewegte die auf der Weichsel ankommenden Granitblöcke auf geneigter Ebene zum oberen Bauplatze, wo sie behauen wurden.

[36]) Aeltere jetzt lebende Leute haben den Galgen noch gekannt. Er wurde nach vorheriger Weihe um's Jahr 1802 abgebrochen. Die Ziegeln sind in der Apotheke zum Löwen verbraucht. Daß er ab und zu benutzt wurde, beweist eine Notiz im evangelischen Kirchen-

der Schultheiß. Es wurde das Zunftwesen der Handwerker eingeführt. Auch wollte Winrich, daß der Bürger für den Krieg vorbereitet und in den Waffen geübt sei. Um aber den Ernst mit dem Vergnügen zu verbinden, führte er in jeder Stadt die Sitte des Vogelschießens mit Preisen und dem Königstitel für den besten Schützen ein. Auch ordnete er in städtischen Zwingern und Schießgärten Schießübungen nach der Scheibe an[87]). So gelang es ihm nach Verlauf weniger Jahre in Preußens Städten unter vergnüglicher und geselliger Waffenübung die trefflichsten Schützen zu bilden, welche ihm später in den litthauischen Kriegen gegen Kynstutte treffliche Dienste leisteten.

Auf jenem herrlichen Kunstwerke, welches das jenseitige Portal unserer Brücke ziert, schauen wir jenen Kynstutte, den Mann mit der spitzen Heidenmütze, nur als einen gefangenen gefesselten Mann. Aber schwere Tage bereitete er unsern Vorfahren unter Winrich, und Ströme Blutes flossen wohin er kam. Es war der gewaltige Verfechter des Heidenthums, das der Bischof Bartholomäus von Samland, derselbe der zwischen Winrich und Kynstutte das Kreuz hoch emporhält, durch seine Belehrungen und Predigten keineswegs ausgerottet hatte. Ums Jahr 1361 wurde Kynstutte in der Gelindischen Wildniß gefangen und vor Winrich geführt, der ihn zwar schonend behandelte, doch viele Wochen lang im Marienburger Schlosse gefangen hielt. Aber ein junger littauischer Diener Winrichs, erst kürzlich Christ geworden, befreite seinen ehemaligen Herrn, indem er die Mauer des Gemaches durchbrach und den Fürsten in den Burggraben hinabließ. In weißem Ordensmantel mit schwarzem Kreuze gehüllt entfloh er und bekriegte nun den Orden noch 20 Jahre lang bis zu seinem Tode 1382. Mit Harnisch und Waffen geschmückt wurde er mit

---

buche von 1671, 27. April. Dort ist „der Ehrbahre und geachtete Junggesell Joh. Adolph vom Löblich Handwerke der Los- und Kuchen-Bäcker, des Ehrenfesten und wohlweisen Joh. Adolph ehelicher Sohn mit der viel Ehr und tugendreichen Jungfer Anna Smiedel aufgeboten." — Später hat der Geistliche ihn sammt allen Titeln mit blauer Tinte ausgestrichen und die Randglosse beigefügt: „Ist ob commissum furtum" (wegen Diebstahl) der Kopf abgehawen worden.

[87]) In Dirschau gab es in frühester Zeit kein Schützenhaus, nur eine aus Baumzweigen errichtete Laube, dann eine hölzerne Bude und seit 1783 ein massives kleines Haus von zwei Stockwerken, das an der nördlichen und östlichen Seite einen herumlaufenden Balkon trug. Auf der Stelle desselben wurde das jetzige größere Schützenhaus erbaut, und den 5. Juli 1850 eröffnet. Bis zur Belagerung von 1807 lag das Gesellschaftshaus der Schützenbrüder neben dem hohen Thore, nördlich davon, doch diente es nicht zum Schießen. Es brannte beim feindlichen Sturme auf die Stadt ab.

seinen besten Rossen, Jagdhunden und Jagdvögeln auf einem mächtigen Scheiterhaufen zu Wilna verbrannt.

Im folgenden Jahre (1383 den 24. Juni) starb auch Winrich.

In dieser Zeit und in den folgenden 30 Jahren wuchs Dirschau zu einem großen Umfange. Die vielen Fundamente und verschütteten Brunnen, die man noch heute auf den Vorstädten findet, rühren aus dem 14. Jahrhundert.

Im Jahre 1389 brach eine große Theurung in unserer Gegend aus. Der Scheffel Roggen erreichte den unerhörten Preis von 1 Thlr. 10 Sgr., doch fiel er nach der gesegneten Erndte des nächsten Jahres auf 4 Sgr.[58]). In jenem Hungerjahre war sogar Weizen aus England nach Danzig gekommen.

Unterdessen nahmen die niemals beseitigten Streitigkeiten mit Polen einen immer ernsteren Charakter an. Im Jahre 1410 kam es endlich auf jenem Hügel bei Gilgenburg, dem Tannenberge, zu einer entscheidenden Schlacht[59]). 83,000 Mann vom Orden, 163,000 Polen standen sich gegenüber. Stundenlang kämpfte Mann gegen Mann, und wenn nicht der Tod die Reihen lichtete, räumte niemand den Platz. Meilenweit hörte man den Donner des Geschützes, [denn gegen 80 Jahre war nun das Pulver bereits bekannt[60])] das Waffengeklirr und Schlachtgeschrei der Kämpfenden. Endlich siegte die Uebermacht. Der Hochmeister Ulrich von Jungingen[61]) fällt von zwei tödtlichen Geschossen auf Stirn und Brust getroffen. Um ihn liegen alle Komthure und Gebietiger bis auf drei. Auch der Vogt von Dirschau, Matthis von Bebern, lag todt neben seinem Hochmeister. 200 Ordensritter, 40,000 vom gemeinen Kriegsvolk des Ordens, 60,000 vom Heere des Königs von Polen, im Ganzen 100,000 Leichen bedeckten das Schlachtfeld.

Der Schlacht bei Tannenberg folgen 56 Jahre innern Zwistes und

---

[58]) Chronik des Johannes von der Pusilie. S. 69. In deßm jare was große tuwerunge zcu prussin, unde anbirs wo noch großer, an etlichen enden galt der Scheffel rocken IIII scot, an etlichen I floren. Unser lieber here wandelte das gnedeclich, das so vil getreides wuchs, das man noch dem Nuwen kowfte eynes Scheffel rocken umb III solldi, unde in deßm hungir qwam ein Schiff mit weyße von Engellandt ken danczl gesegelt des glich ny vor was gehort.

[59]) Johannes von der Pusilie. S. 216. Voigt VII. 82.

[60]) Berthold Schwarz, der als Erfinder des Pulvers gilt, lebte um 1330. Allerdings erwähnt aber schon Roger Baco, geb. 1214, des Pulvers als einer bekannten Sache und schon im 11. Jahrhundert sollen einzelne Geschütze gebraucht sein. Die Chinesen kannten es noch früher. Es hatte aber keine praktische Bedeutung.

[61]) Johannes von der Pusilie. S. 363. Unde wart tot geschlagin In dem Strite unde wart tot gebrocht ken Marienburg unde begrabin zeu Sinte Annen.

äußerer Kriege, welche auch unsere Vaterstadt in vielfache Trübsal und in namenloses Elend brachten.

Das innere Leben im Lande zu jener Zeit bezeichnet am treffendsten jener tragische Vorfall [62]), welcher in unserer Stadt beginnend, mit der schmählichen Ermordung hochgeachteter Männer in Danzig endete. Im Jahre nach der Schlacht bei Tannenberg veranlaßten die großen Kriegskosten, welche der Orden den Städten, besonders dem wohlhabenden Danzig auflegte, so wie die Verschlechterung der Münze tiefe Unzufriedenheit der dortigen Bürgerschaft. Beide Theile, Stadt und Burg, hatten schon Thor und Brücken gegen einander gesperrt, da ließ der Vogt von Dirschau, von Quernfurt, ein Freund des Danziger Komthurs, durch unsere Stadt reisende Danziger Kaufleute anhalten und ohne Weiteres in Arrest setzen. Danzig empört, schickte unserm Vogt einen Fehdebrief. Als dies der dortige Komthur erfuhr, ließ er die drei Bürgermeister, Letzlau Hecht und Huzer, so wie Barthel Groß, den Schwiegersohn Letzlaus, welche er für die Urheber jenes Briefes hielt, auf den Palmsonntag zur Mittagsmahlzeit aufs Schloß laden. Durch den Hofnarren gewarnt kehrte der alte Huzer um, die drei andern aber wurden verhaftet und nachdem die Ordensbrüder bis in die Nacht geschwelgt, vor die berauschte Schaar geführt und schmachvoll ermordet.

Die Hussiten vor Dirschau am 29. August 1434.

Von vielen Leiden mag unsere Vaterstadt damals berührt worden sein, welche die Geschichte im allgemeinen Elend nicht erzählt. Um so mehr aber verweilt sie bei jenen blutigen Tagen, welche uns die von den Polen herbeigerufenen Hussiten im Jahre 1433 bereiteten.

Huß war 1415 verbrannt. An seinem Scheiterhaufen entzündete sich die Flamme, die nun verheerend über Deutschland wogt. Die Böhmen, empört über den grausamen Tod ihres verehrten Lehrers, rotteten sich unter ihren Führer Ziska zusammen; angegriffen siegten sie. Ihr Heer zählte nach 12 Jahren (1427) bereits 50,000 Mann zu Fuß und 20,000 zu Pferde. Der König von Polen in Religionssachen tolerant, begünstigte sie aus Politik und rief die augenblicklich unbeschäftigten Schaaren gegen den Orden herbei. Sechs Wochen lagen sie vor Konitz, dann brachen sie ostwärts auf, während der Ordensmarschall sich in und um Dirschau lagerte, um den Uebergang über die Weichsel zu hindern. Unterdessen drangen unter Verheerung und Verwüstung und unter unbeschreiblichen Grausamkeiten an den Bewohnern Polen und Hussiten vorwärts. Das Kloster Pelplin wurde erstürmt und schrecklich verwüstet und die Kirche

---

[62]) Löschin, Geschichte Danzigs I. 55. Voigt VII. 142.

zum Viehstalle und Schlachthof umgewandelt. Von dort warf der Feind sich nordwärts nach Dirschau, um das am 29. August sich Polen und Hussiten lagerten. Nach Dirschau waren die anliegenden Landbewohner geflohen. Die Brücken waren aufgezogen, die Thürme bewehrt, die Mauern mit Streitern bepflanzt; tagelang lagen die Heere vor der Stadt. Da geriethen einige Gebäude an der Mauer in Brand. Ein Sturm trieb die Flamme in die Stadt und hier schnell von Haus zu Haus. An Tilgung des Feuers war nicht zu denken. Während das Flammenmeer von Minute zu Minute wuchs, stürzte alles, Bewohner und Besatzung, durch die Straßen hin und her, hier nach dem Weichselstrome, dort nach den Stadtthoren, um sie aufzureißen und dem Feuertode zu entfliehen. Allein die meisten der Fliehenden fielen dem Feinde in die Hände und wurden grausam ermordet oder gefangen hinweggeschleppt. Fast die ganze Stadt ging in Flammen auf. Gegen zehntausend von den Einwohnern, der Besatzung und dem nach Dirschau geflüchteten Landvolke sollen an diesem furchtbaren Tage theils in der Feuersgluth theils unter dem feindlichen Schwerdte umgekommen sein [63]). Doch dieser Tag des Brandes war nicht der letzte Schreckenstag, den Dirschau damals sah. Das Feuer hatte die ganze Besatzung der Stadt, wie der Zeitgenosse Dlugoß [64]) berichtet, 10,000 Mann, dem Feinde in die Hände geliefert, die nun als Gefangene im Lager seufzten. Der Hussiten-Hauptmann Czapko fand darunter eine große Zahl Böhmen, die während des Krieges zum Ordensheere übergegangen waren. Sie wurden auf einen mächtigen mitten im Lager errichteten Scheiterhaufen geführt, der durch die Hussiten selbst angezündet, ihre unglücklichen Brüder verzehren mußte, weil sie, wie der grausame Hauptmann erklärte, gegen die Polen gekämpft, die gleichen Stammes mit ihnen seien. Die Polen ihrerseits begehrten ein ähnliches Schauspiel in ihrem gesonderten Lager. Sie hatten unter ihren Gefangenen einen Haufen tapferer Schiffskinder, welche zur Vertheidigung Dirschau's von Danzig herbeigekommen waren. Diese wurden in eine hölzerne Verzäunung gesperrt, welche man rings mit Strauchwerk umgab, das man in Brand steckte. Als die Flammen auflohten durchbrachen die Unglücklichen die Verzäunung, wurden aber mit teuflischer Lust von den Polen in die Gluth zurückgestoßen.

Mehre Jahre hindurch soll Dirschau nach dieser Verwüstung ein Schutthaufen gewesen sein. Die Einwohner zogen aufs Land und lehrten

---

[63]) Schütz p. 122. Fol. C. p. 264. Dusb. Supplem. c. 45, am vollständigsten bei Dlugoß s. p. 633. 34. Voigt. VII. 633.

[64]) Dlugoß, geb. 1415, war Bischof zu Reusch-Lemberg. † 1480.

nur langsam zurück. Nach neun Jahren, 1442, finden wir jedoch eine Bürgerschaft wieder, die der Vogt, welcher damals in Liebenhof seinen Sitz hat, zusammenruft und zur Treue gegen den Hochmeister ermahnt. (Beilage XI.). Das mochte wohl nöthig sein, denn von Jahr zu Jahr wurde seine Macht geringer. Land und Städte hatten einen Bund gegen den Orden geschlossen und sich unter polnischen Schutz begeben. Dirschau trat diesem Bunde bei und nahm eine Danziger Besatzung auf. Als aber am 17. September 1454 der Orden die Schlacht bei Konitz gewann, ging Dirschau aus Mangel an Proviant wieder an den Orden über. Anfangs 1457 belagerten die Polen und Danziger die Stadt, konnten sie aber nicht erobern. Als jedoch der Hochmeister Ludwig von Erlichshausen unfähig war die böhmischen Söldner, in welchen die Hauptmacht seines Heeres bestand, zu bezahlen, verkauften deren Hauptleute für 436,192 Ungarische Gulden viele Städte den Preußischen Ständen und dem Könige von Polen. Am 6. Juni 1457 verließ der Hochmeister die schöne Marienburg; weinend kam er an demselben Tage nach Dirschau und ging später nach Königsberg, wo er jetzt den hochmeisterlichen Sitz aufschlug. Am folgenden Tage zog Kasimir III., der Polenkönig, in Marienburg ein. Er war jetzt auch Herr von Dirschau, das er sofort den Danzigern als Entschädigung für die Kosten, die sie gehabt, abtrat[65]), damit sie sich an den Einkünften und Nutzungen der Stadt erholten. Er beauftragte sie außerdem auch während des Krieges die Besetzung Dirschaus zu übernehmen. Das Schloß Marienburg gewann der Bürgermeister Blume noch einmal für den Orden, doch fand er nach langem Kampfe besiegt, gerade jetzt vor 400 Jahren, am 8. August 1460 seinen Tod durch Henkershand. Dirschau wurde 1462 von Ordensseite durch von Rabeneck und Nostiz belagert. Die Bürger trafen mit ihnen einen Waffenstillstand, so lange bis sie das Getreide vom Felde eingeerntet hätten. Im Jahre 1464 hatte Reuß von Plauen Sturmleitern an die Stadt werfen lassen, um sie zu ersteigen, doch die Wache wurde dies alsbald gewahr, so daß das Vorhaben unterblieb. Schließlich hatten die Ordenstruppen in Pommerellen nur noch Stargardt und Konitz inne. Mit den Stargardtern geriethen die Bürger von Dirschau in Handgemenge, wobei jene viel einbüßten. Sie beschlossen daher unsere Stadt zu überrumpeln (1465) und schlichen sich in Weiberkleidern zu 2—3, als ob sie Käse oder Eier zu verkaufen brächten, ein. Schon hatten sie sich der Zugbrücken bemächtigt, als der Betrug entdeckt wurde. 1466 wurde auch Konitz und Stargardt durch die Polen erobert.

---

[65]) Gralath, Geschichte Danzigs I. 337.

Dirschau unter der Herrschaft der Könige von Polen.
(1466 — 1773).

Endlich endete im Jahre 1466 der Friede zu Thorn den verheerenden Krieg. Polen erhielt ganz Pommerellen, Marienburg, Stuhm, Christburg, Elbing und Tolkemit, so wie Culm, mit den Gebieten, (der Bischof von Ermeland hatte sich schon früher dem Könige unterworfen); dem Orden verblieb alles Uebrige in Preußen, doch nur als polnisches Lehen. Dirschau wurde von den Danzigern an den Polenkönig zurückgegeben.

So hatte auch unsere Vaterstadt wieder einen festen Herrn, und wir haben nun einen Blick auf den mehr als dreihundertjährigen Zeitraum zu werfen, während dessen sie mit Unterbrechung weniger Jahre unter polnischer Herrschaft stand. Wir können das erste Jahrhundert, wenn auch Polen anderweit in mannigfache Kämpfe verwickelt war, nur als ein für unsere Stadt friedliches bezeichnen. Im Jahre 1520 unter dem letzten Hochmeister Albrecht von Brandenburg loderte die Flamme des Krieges noch einmal auf. Dirschau wird von ihm erstürmt und erobert, aber 4 Jahre später findet der Kampf jene bekannte, von Gott so gütig beschlossene Lösung, daß Albrecht von Brandenburg Ostpreußen als erbliches Herzogthum unter polnischer Oberhoheit behielt, und so den Hauptstein zum prächtigen Bau des künftigen mächtigen Preußenreiches legt, dem unsre Stadt erst britthalbhundert Jahren später angehören sollte.

Wir sind in der Reformationszeit angelangt. Die Nachrichten über Dirschau erzählen zunächst von keinerlei Kämpfen. Schon ums Jahr 1525 scheint fast die ganze Gemeinde dem neuen Bekenntniß beigetreten zu sein, denn sie nahm friedlich die uralte Pfarrkirche zur heiligen Kreuzerhöhung, die jetzige katholische Kirche, in Besitz, und behielt sie 70 Jahre lang bis 1595 **). Der katholisch gebliebene Theil der Gemeinde scheint

---

**) Katholische Kirchen-Visitations-Verhandlung von 1746 vom Archidiaconus Klinsky: Si documenta fuerint, tempore initii lutheranismi, quando Ecclesiam hanc in possessione sua habuerunt Cives lutherani per annos circiter 70, deperierunt. Recepta autem haec Ecclesia a lutheranis Civibus anno 1595 zelo et pietate Illustrissimi ac Reverentissimi Domini Hieronymi in Rozrazew, Zozrazewski p. d. Loci Ordinarl.

unterdessen die Kirche zum heiligen Georg auf dem jetzigen evangelischen Kirchhofe innegehabt zu haben, welche muthmaßlich in der langen Friedenszeit erbaut war [67]). Die Religionskämpfe begannen erst mit dem Jahre 1572, als Polen aus einem erblichen Königreich ein Wahlreich wurde.

Die Schlacht am Lübschauer See am 17. April 1577.

Das Geschlecht der Jagellonen war mit Sigismund II. erloschen. Unter vielen Bewerbern erhielt endlich der Woiwode Stephan Batori von den Großen des Reiches die Krone unter der Bedingung, daß er die noch unvermählte 52jährige Schwester des letzten Königs zum Altare führte und dem Fortschreiten des Protestantismus Einhalt thäte. Danzig verweigerte die Huldigung und verlangte erst Bestätigung seiner Rechte, insbesondere der Religionsfreiheit. Der König lehnte die Forderung ab, erklärte die Stadt in Acht und zog gegen sie. Der polnische General Zborowski legte im Februar 1577 seine Truppen in die Dirschauer Starostei und bereitete sich zum Angriff Danzigs vor. Die Danziger beschlossen ihm zuvorzukommen, ehe er seine Verstärkungen erhalten hätte. Am 16. April wurden die Thore geschlossen und durch öffentlichen Trompetenschall der bevorstehende Zug kundgethan [68]). 5000 Mann mit Ober- und Untergewehr auch Kürassen wohl versehen, mit 3 Bürger- 5 Soldaten-Fahnen, sieben metallenen Stücken, zwölf Tonnen Büchsenpulver, einer genugsamen Menge Kugeln und drei Wagen mit kleinem Geschütz und 180 mit Hacken, Piken, Dielen und Proviant beladen, zogen zum Hohen- und Legen-Thore hinaus gegen Dirschau. In Langenau und Rosenberg wurde das Nachtlager aufgeschlagen. Am folgenden Morgen zogen sie gegen Lübschau, wo sie die Polen in einer Niederung am Lübschauer See

---

[67]) Der Ursprung jener Kirche, von welcher bisher angenommen, daß sie stets nur eine evangelische gewesen, ist dunkel. Aus folgender Stelle der genannten Kirchenvisitationsverhandlung geht jedoch hervor, daß sie zuerst katholisch war: Curatus Dirschaviensis vocatur Praepositus Parochus, Praepositus (Probst) ratione Ecclesiae Sancti Georgii Martyris, quae fuit in Caemeterio extra civitatem ubi modo Lutherani sepeliuntur. Corruit autem Ecclesia haec anno 1632. Post hujus ruinam Cives impetrarunt Sibi diploma a Serenissimo Rege Wladislav IV. Anno 1633 vigore cujus Conventum pro sua devotione faciunt in granario Capitaneatus penes murum altae portae.

[68]) Lengnich. Geschichte der Preußischen Länder, Königlich Polnischen Antheils III. 238.

vor sich fanden. Die Vornehmsten giugen zu Rath, ob sie auf der Höhe Halt machen oder unverzüglich sich herunterbegeben sollten. Man stimmte für den Angriff, nicht erwägend, daß das Volk durch Hunger und den Marsch ermüdet zum Fechten untauglich war, man auch wegen des großen Lübschauer Sees den Polen nicht anders als über den schmalen Damm beikommen konnte. Der Oberste nebst den Hauptleuten, den Doppelsöldnern, Hackenschützen und 50 Reitern zog zuerst über diesen Damm und war bemüht das grobe Geschütz nebst dem andern Kriegsgeräth über die Brücke hinüberzuschaffen, welche noch heute auf dem Wege von Lübschau nach Schliewen an der Stelle liegt, an welcher der See allmählig in das obere Ende des Dirschauer Mühlenkanals übergeht. Diese Brücke war vom Feinde abgebrochen und mußte von den Danzigern erst wieder hergestellt werden.

Die Polen, wenn man die Siebenbürgen zu Roß und zu Fuß nebst einigen Tartaren mitrechnet, machten unter Zborowski drittehalbtausend Mann aus. Sobald ein Theil der Danziger die Brücke passirt hatte, machte der Feind einen Angriff, wurde aber durch das auf der Lübschauer Seite des Sees stehende grobe Geschütz zurückgetrieben. Da eilte die ganze Macht der Polen anstürmend herbei. In diesem Augenblicke wichen die Hackenschützen der Danziger hinter die Doppelsöldner zurück um wieder zu laden. Das sahen die an der Lübschauer Seite stehenden Truppen für ein Zeichen der verlornen Schlacht an und ergriffen die Flucht. Die Doppelsöldner, welche nun vorne standen, wurden stutzig, sie warfen ihr Gewehr fort, die Ordnung trennte sich und ein allgemeines Laufen begann. Es war kein anderer Weg als über die Brücke, welche unterdessen schadhaft geworden war, und über den schmalen Damm, von dem viele in den See stürzten und ertranken. Die Danziger verloren 2500 Todte und 900 Gefangene, drei große Kanonen, das kleine Geschütz, auch allen Proviant und das Kriegsgeräth. Der Obrist von Cöllen entkam mit großer Gefahr durch den Lübschauer See, indem ein treuer Reiter ihm sein Pferd gab, der aber mit Rettung seines Befelshabers sein eigenes Leben einbüßte. Die Polen verloren 1500 Mann, viele besonders durch das Aufffliegen eines Pulverwagens.

Gefecht auf der Weichsel bei Dirschau am 17. April 1577.

An demselben Tage hatten die Danziger zwei große Weichselkähne nach Kriegsart ausgerüstet, mit 300 Mann besetzt und nach Dirschau geschickt, um den Feind im Rücken anzugreifen. Sie waren Mittags pünktlich in Dirschau, hatten aber von den Ihren keine Kunde. Da starker Nordostwind wehte, konnten sie das Schießen am Lübschauer See nicht einmal hören. Sie steckten zunächst die Fähre und den Krug bei Dirschau in Brand und thaten am Ufer mancherlei Schaden, bis sie gegen Abend plötzlich von den Polen, welche nach gewonnener Schlacht von Lübschau zurückkehrten, umringt wurden. Die beiden Kähne setzten sich mitten auf der Weichsel und es schien kaum möglich, daß sie dem Feinde entgingen, zumal dieser sein grobes Geschütz an einem vortheilhaften Orte auf dem kleinen Vorschußdamme aufstellte. Aber der Kapitän ließ sein Geschütz auf die eine Seite der Kähne bringen und auf jener Stelle richten. Er hielt die feindlichen Schüsse ohne Schaden aus und brannte dann seine Stücke, die er durch ein Lauffeuer verbunden hatte, auf einmal ab. Da stürzte alles, was auf dem Damme stand, herunter. Dies benutzte der Kapitän, sich aus dem Bereiche der Geschütze zu begeben. Da der Nordostwind ihm entgegen war, mußte er die Polen bis in die Nacht aufhalten. Am folgenden Tage gelangte er glücklich nach Danzig.

Das Polnische Lager blieb nun bei Dirschau. Anfangs Juni kam der König Stephan her, und nahm das Schlachtfeld am Lübschauer See in Augenschein, wo der General Zborowski das Kriegsheer in derselben Ordnung aufstellte, in welcher es während der Schlacht gestanden hatte. Nachdem er den Officieren und Soldaten für ihre Tapferkeit gedanket, ließ er sie mit einem Mahl bewirthen⁶⁰).

Am 11. Juni wurde das Lager bei Dirschau aufgehoben und die Armee rückte vor Danzig, dessen Belagerung nun begann. Sobald der König sich näherte wurden die Vorstädte Schiedlitz und Neugarten, nebst dem Stolzen- und Zigankenberg sowie Sandgrube und Petershagen von den Danzigern selbst in Brand gesteckt. Sofort begann der Feind vom Stolzenberge auf die Stadt zu kanoniren, auch Feuerkugeln und Steine von mehr als 70 Pfund hineinzuwerfen. Schon am ersten Tage wurden 260 Schuß gethan. Aber Danzig vertheidigte sich ein Vierteljahr lang tapfer und am 6. September zog der König mit der Armee ab.

Der große Brand Dirschau's am 4. Oktober 1577.

Das Lager wurde von Stephan zunächst bei Praust zwischen Rabaune und Klabau aufgeschlagen. Dort blieb er wenige Tage und begab sich dann selbst nach Marienburg, während die Truppen in den umliegenden

---

⁶⁰) Lengnich. III. 247.

Ortschaften einquartiert wurden. Auf dem Marsche sah man Höfe und Ställe und ganze Dorfschaften in Rauch aufgehen[70]) und auch unsere Stadt wurde am 4. Oktober[71]) 1577 erst geplündert und dann ein Raub der Flammen.

Das Feuer verzehrte in drei bis vier Stunden mit Ausschluß des Klosters und dreier Häuser die ganze Stadt. Von jenen drei Häusern stehen heute noch zwei, das dritte, die ehemalige Komthurei, wurde 1845 abgebrochen. Von der Pfarrkirche zur heiligen Kreuzerhöhung, welche damals evangelisch war, brannte das Dach ab[72]), die Gewölbe erhielten sich aber unversehrt. König Stephan selbst war während des Brandes in Marienburg[73]), wo bereits Friedensunterhandlungen gepflogen wurden.

Die Trümmer Dirschaus beleuchtete wenige Wochen später (vom 12. November ab) ein gewaltiger Komet[74]). Es war diesmal aber kein Kriegs= sondern ein Friedensbote.

Am 11. Dezember kam der Friede zwischen dem Könige von Polen und der Stadt Danzig zu Stande. Der König bestätigte alle Rechte und Privilegien der Stadt, und gab ihnen eine schriftliche Verfügung wegen des freien Gebrauches der Religion nach dem Augsburg'schen Glaubensbekenntnisse, Danzig aber zahlte etwa 200,000 Gulden Kriegskosten und leistete den Huldigungseid.

Gustav Adolph in und um Dirschau.

Stephan Batory starb sieben Jahre nach dem Brande Dirschau's 1584 und es wurde nun der 21jährige Sigismund III. gewählt, welcher 45 Jahre über Polen herrschte. Diese Wahl brachte unser Land und insbe=

---

[70]) Lengnich. III. 249.

[71]) Lengnich. III. 256, erwähnt die Plünderung und den Brand Dirschaus, giebt aber den Tag nicht an, der nur in dem evangelischen Kirchenbuche genannt wird.

[72]) Klinsky, Kirchenvisitationsverhandlung: Tota Ecclesia cum Capellis et duobus Sacrariis ac aerario fornice obducta, idque tam forti, ut, cum Ecclesia cum toto oppido Dirschaviensi conflagrasset 1577 nec minima pars fornicis confracta esset.

[73]) Lengnich III. 252. Stephan selbst sagt in dem Privilegium, das er der Stadt nach dem Brande neu ausstellte: Als und nachdeme sich vor zween Jaren zugetragen, daß aus Gottlichem verhengniß unsere Stadt Dirschaw in Preußen durch eine vortrefliche schedliche Fewersbrunst gar in den Grund verbrennet und vertorben, — — und sonderlich weil solch angegangen Fewer fast uns anschawende die gantze Stadt schnell und eilende begriffen, daraus wir selbst leicht abzunehmen und zu glauben, das auch die Privilegia davon gehandelt wirt darunter vertorben und der Fewer flammen nicht haben entgehen können.

[74]) Lengnich. III. 256.

sondere unsere Stadt in vielfache Berührung mit den Schweden und mit dem Manne, welcher heute so oft genannt und als einer der großen Helden des evangelischen Glaubens hochgepriesen wird, mit Gustav Adolph dem Könige von Schweden. Es ist hier nöthig den Zusammenhang zum allgemeinen Verständniß kurz zu nennen.

Sigismund III. war zum Polenkönige erwählt, als ein Großsohn jenes letzten Jagellonen-Königs Sigismund II. August, denn seine Mutter war dessen Tochter. Aber der neue König von Polen war auch ein Sohn des Schwedenkönigs Johann III., der die Jagellonentochter geheirathet hatte. So hatte also der König von Polen Anspruch auf den Schwedischen Thron, als nach 9 Jahren 1695 sein Vater starb. Dort ließ er sich krönen und ging dann nach Polen zurück. Aber Sigismund war nur ein König des Adels nicht des Volkes, und streng Katholik unterdrückte er die Protestanten. Deshalb entsetzten die Schweden ihn den legitimen König, und wählten seinen Oheim Karl IX. als König des Volkes und der Religionsfreiheit. Das war der Vater Gustav Adolphs, der im Jahre 1594 den 9. Dezember zu Stockholm geboren ward, ein Jahr früher, als Sigismund III. auch den Protestanten in Dirschau die Pfarrkirche zur heiligen Kreuzerhöhung, die sie 70 Jahre lang besessen, wieder abforderte. Sigismund III. und Gustav Adolph, die unversöhnlichen Feinde, waren also Vettern. Gustav Adolph wurde, als sein Vater den 30. Oktober 1611 starb, 17 Jahre alt, König von Schweden. Aber Sigismund III. erklärte Schweden für sein Eigenthum. So kam es zum Kriege, der lange in Liefland geführt, im Jahre 1626 in unsere Gegend getragen wurde. Vier Jahre nach einander kam Gustav Adolph hierher und hatte in den beiden ersten sein Hauptquartier und Lager in und bei unserer Stadt, die ihn damals viel und häufig sah. In dem Kriege gegen Polen mußte es ihm vor Allem darauf ankommen einen gesicherten, wohl befestigten Uebergang über die Weichsel zu haben und dazu gab es keinen geeigneteren Punkt als Dirschau. So geschah es auch, daß unter unsern Mauern eine der denkwürdigsten Schlachten vorfiel, deren Folgen ohne Gustav Adolphs Verwundung entscheidend gewesen wären. Das Nähere, wie es die Nachrichten des damaligen evangelischen Geistlichen und die Chroniken der Zeit berichten, ist Folgendes:

Gustav Adolph landete Anfangs Juli 1626 mit seiner ganzen Flotte von 150 Segeln bei Pillau und setzte 15,000 Mann an's Land, welche nächst ihm vom Feldmarschall Wrangel kommandirt wurden. Das Herzogthum Preußen, das Gustav Adolph nun betrat, stand damals unter seinem Schwager, dem Kurfürsten von Brandenburg Georg Wilhelm

(1619—40), mit deſſen Schweſter, des Kurfürſten Johann Sigismund Tochter, er ſich vor 6 Jahren vermählt hatte. Die Lage des Kurfürſten war mißlich, da er den polniſchen König noch als Lehnsherrn anerkannte. Guſtav Adolph erklärte, daß er gegen ihn nicht ziehe und begab ſich nun in's Ermeland und nach Weſtpreußen. Frauenburg, Elbing, Marienburg[75]) ergaben ſich. Vor Dirſchau rückte er den 21. Juli 1626. Nach vorheriger Aufforderung ſchickte die Stadt dem Könige die Schlüſſel und öffnete die Thore. Hoch zu Roß, umgeben von ſeinem Heere, zog er in unſere Mauern ein. Er war 32 Jahre alt. Um eines Hauptes Länge ragte er über alles Volk hervor, ſeine Glieder ſtanden im ſchönſten Ebenmaaße, Muth und Hoheit funkelten aus dem großen Auge. Der Ernſt ſeines Blickes wurde durch einen lieblichen Ausdruck von Milde gemäßigt. Die gebogene Adlernaſe, das blonde faſt goldfarbige Haupthaar vollendeten das Portrait des nordiſchen Helden.

Er ſtieg in der Komthurei am Markte ab, wo der evangeliſche Kirchenpaſtor Opitins und der Rath der Stadt ihn empfing, und ertheilte dem Bürgermeiſter ſofort den Befehl die ſeit 31 Jahren wieder den Katholiken gehörige Kirche zur heiligen Kreuzerhöhung (jetzige katholiſche Pfarrkirche) einzunehmen, den Prediger aber ermahnte er zur gewiſſenhaften Wahrnehmung ſeines Amtes.

Seit 30 Jahren hatte die evangeliſche Gemeinde die Kirche zum heiligen Georg auf dem heutigen evangeliſchen Kirchhofe inne gehabt. Aber auch dort war ſie oft geſtört worden. Als 1613 polniſche Soldaten unter Zborowski die Gegend unſicher machten, wurde der Gottesdienſt auf dem Rathhauſe abgehalten, wohin jeder Stühle und Bänke ſelbſt mitbrachte. Als Guſtav Adolph hier ankam, hatte man eben zu einem kleinen neuen Orgelwerke Beiträge geſammelt. Während der König in der Komthurei wohnte, zog das ganze Kriegsheer mit allem Geſchütz über die in drei Tagen gefertigte Schiffbrücke, an der Stelle, welche unmittelbar jenſeits des Hügels liegt, auf welchem jetzt Klein-Zeisgendorf erbaut iſt. Das Lager wurde bei dem adlichen Gute Zeisgendorf ganz nahe bei der Stadt aufgeſchlagen und wohl verſchanzt[76]). Dirſchau ſelbſt wurde aufs Beſte be-

---

[75]) Die Marienburger ſchrieben ſpäter zu ihrer Vertheidigung an den König von Polen: So ſicher hat uns Preußen den langwierigen Frieden, den uns Gott über hundert Jahre in dieſen Ländern gegönnet, gemacht, daß wir in utramque aurem geſchlaffen und es laſſen gut Wetter ſein, bis uns das Unglück auf den Hals kommen. Lenguich. III. Documenta. 142.

[76]) Um's Jahr 1820 ſahen wir auf dem Berge, auf dem Klein-Zeisgendorf liegt, beim Baue der oberen am Hügelrande liegenden Häuſer hunderte von Menſchenſkeletten

festigt. Um aber dem Feinde es unmöglich zu machen sich der Stadt zu nähern, mußten alle Scheunen und Höfe niedergerissen, die Baumgärten verwüstet und die vor den Thoren befindlichen Häuser nebst der evangelischen Kirche zu St. Georg auf dem jetzigen Kirchhofe, so wie das Hospital abgebrochen werden[77]). Auf den Hügeln zwischen Groß- und Klein-Zeisgendorf wurden Schanzen aufgeworfen, die eine lag diesseits Klein-Zeisgendorf an der Stelle, wo die Marienburger Vorstadt zur Weichsel einbiegt, links[78]) von ihr eine zweite auf dem Platze des heutigen Gerichtshauses.

Von Dirschau schrieb Gustav Adolph an die Danziger und bot ihnen Freundschaft an. Es kam aber zu keiner Einigung und sie blieben auf polnischer Seite, worauf sie für Feinde Schwedens erklärt wurden.

Am 20. August nahm er das von den Danzigern besetzte Schloß zu Grebin und machte 282 Gefangene, die zu Fuß nach Dirschau mittraben mußten. Hier vertheilte man sie, indem 100 Mann in Dirschau im Thurm verschlossen blieben, die übrigen nach Marienburg und Elbing gebracht wurden[79]).

Unterdessen belagerte der König von Polen Mewe, das die Schweden besetzt hatten. Um die Stadt zu befreien, brach Gustav Adolph am 17. September aus dem Lager bei Dirschau auf. Bei Falkenau, zwischen Damm und Weichsel, kam es zu einem Treffen, in welchem er siegte. Dann ging er auf einer Brücke, die er den Polen abgenommen hatte, in den Montauer Wald, wo er wegen eines hitzigen Fiebers verweilen mußte. Nach seiner Genesung kehrte er nach Dirschau zurück.

Zwei Meilen von Dirschau, nach Pelplin zu, hatte der polnische König unterdessen sein Lager aufgeschlagen. Am 21. October kamen Abgesandte beider Herrscher, unter denen sich von Seiten Schwedens der Reichskanzler Axel Oxenstirn befand, unter Zelten, welche zwischen beiden Lagern aufgeschlagen waren, jeder Theil mit einem Gefolge von 300 Mann, zusammen. Die Gefangenen wurden ausgewechselt, die von Polnischer Seite gemachten Friedensvorschläge aber nicht angenommen.

Den 5. November ging Gustav Adolph persönlich über Tiegenhof

---

ausgraben. Sie rühren unzweifelhaft aus jener Zeit. Man scharrte sie am Kreuze ein, das am Wege nach Gr. Zeisgendorf liegt.

[77]) So die Nachrichten im Kirchenbuche der evangelischen Gemeinde vom gleichzeitig lebenden Geistlichen aufgesetzt. In der katholischen Kirchenvisitation von Klinsky heißt es von der Kirche corrupt anno 1632, was erst 6 Jahre später wäre.

[78]) Da, wo zuletzt das Steueramt für die Schiffbrücke sich befand.

[79]) Hartwich, Geographisch-historische Landes-Beschreibung, derer dreyen im Pohlnischen Preußen liegenden Werder. Königsberg 1722.

nach Schweden, während seine Truppen in Dirschau und den festen Plätzen die Winterquartiere bezogen.

Auch die Polen blieben den Winter über in ihrem Lager bei Dirschau stehen, beunruhigten die Umgegend und suchten zu verschiedenen Malen, jedoch vergebens, die Stadt zu überrumpeln.

Im folgenden Jahre 1627 langte Gustav Adolph den 18. Mai in Pillau an, und setzte 6 Regimenter frischer Truppen in der Nehrung aus. Er ging zunächst nach dem Danziger Haupte, das er befestigt hatte, um den Handel von Danzig zu stören. Ehe er in sein Lager bei Dirschau kam, wollte er polnische und Danziger Truppen, welche sich bei Käsemark verschanzt hatten, überrumpeln, und begab sich zu diesem Ende am 2. Juni vor Anbruch des Tages mit 18 Scheerboten, die mit 600 Mann besetzt waren, auf die Weichsel. Er war schon unter die Kanonen der Polen und Danziger gekommen, als diese durch das Geräusch der Ruder erwachten und scharf feuerten. Gustav Adolph wurde durch eine Musketenkugel an der rechten Hüfte verwundet, der Graf Thurn durch den Arm geschossen und eine größere Anzahl Offiziere getödtet, so daß der Anschlag mißlang. Der König, dessen Wunde nicht gefährlich war, begab sich nun nach Dirschau, wo er 12 Regimenter zusammengezogen hatte.

Die Staaten der vereinigten Niederlande, welche an dem Handel mit Danzig ein großes Interesse hatten, beabsichtigten eine Vermittelung zu Stande zu bringen. Sie landeten am 4. Juni in Elbing, wo der Reichs-Kanzler Oxenstirn sie empfing und auf des Königs Kosten bewirthete. Am 10. Juni begaben sie sich unter ansehnlicher Bedeckung, wobei die Kommandanten von Elbing und Marienburg in Person zugegen waren, in's schwedische Lager nach Dirschau. Sie trugen dem Könige ihren Vermittelungsvorschlag vor, wurden von ihm im Komthureihause mit einem stattlichen Mahle gastirt, und begaben sich dann zum polnischen Feldherrn in's Lager bei der Stadt, von dort aber zum Könige selbst nach Warschau. Doch kam der Friede wiederum nicht zu Stande und die Feindseligkeiten begannen auf's Neue.

Die Polen bedrohten Braunsberg. Dorthin eilte der König zuerst, entsetze es, schickte Dragoner nach Mehlsack und Wormdit, kehrte in's Lager zurück und begab sich dann durch den Danziger Werder nach Käsemark, wo jetzt die Schanzen genommen und 5 metallene, so wie 17 eiserne Kanonen erbeutet wurden.

Darauf ging er nach Pr. Holland, wo er mit dem Kurfürsten von Brandenburg durch den Land-Hofmeister Ahaz von Dohna einen Neutralitäts-Vertrag zu Stande brachte.

Die Schlacht bei Rokitken.

Unterdessen hatten, nachdem am 12. Juli 1627 Koniecpolski Mewe genommen, die Polen ihr Lager auf jene leichte Anhöhe verlegt, welche sich zwischen Rokitken und dem Lübschauer See auf jener, der nördlichen Seite des Dirschauer Mühlenkanals befindet. Nur über zwei Brücken (die in Rokitken und die von Schliewen zum Lübschauer See führende) konnte man in das Lager der Polen gelangen [80]). Es ist also fast genau die Stelle, welche sie 1577 vor der Schlacht an jenem See inne hatten (damals am südlichen diesseitigen Ufer des Mühlenkanals). In der That ist diese Lagerstelle von der Natur außerordentlich befestigt, da sie östlich und südlich durch den Mühlenkanal, westlich durch den Lübschauer See und unzugängliche Schluchten zwischen ihm und Lübschau, nördlich durch das nach Spangau zu liegende, von zahlreichen Gräben durchschnittene Terrain gedeckt wird.

Gustav Adolph zog nun mit der ganzen Armee über Marienburg nach Dirschau in der Absicht, hier die Polen zum Treffen in's freie Feld zu locken, oder sie in ihrer festen Stellung anzugreifen.

Den 11. August machte er sich mit 5 Cornet Reitern auf, um das feindliche Lager in Augenschein zu nehmen. Auf dem Wege traf er 8 Kompagnien Husaren an, die er zerstreute, und so hitzig verfolgte, daß er von seinen Leuten ganz abkam. Er betrachtete eben von einem Hügel, dem Glasberge bei Rokitken, durch ein Fernglas das Polnische Lager, als zwei Kosacken auf ihn zukamen, die er nicht eher bemerkte, bis ihn ein herbeieilender Leibpage zurief. Kaum hatte der König den Degen gezogen, als der eine Kosake ihm das Stichblatt desselben weghieb und mit dem zweiten Streiche den Rand vom Hute fortnahm. In diesem Augenblick jagte ihm Gustav Adolpf den Degen durch den Leib, während der Page den zweiten durch einen glücklichen Pistolenschuß erlegte.

Den 17. August brach der König wiederum, diesmal mit der ganzen Reiterei von Dirschau auf. Er theilte sie in drei Haufen, von welchen den ersten der Graf von Thurn, den zweiten Gustav Adolph selbst, den dritten der Feldmarschall Wrangel führte. In dem Briefe des Reichskanzler Oxenstirn wird das Schlachtfeld bei „Rakitke" (diesseits des Dorfes) so geschildert: „Zwischen beiden Heeren lag eine Ebene, ein wenig hoch, dabei ganz offen und frei ohne Bäume und Gräben, auf der einen Seite begrenzt von Anhöhen, auf der anderen durch die Niederung. Am Rande der Ebene floß ein Bach, über den zwei Brücken in's Polnische Lager führten."

---
[80]) Gfrörer's Geschichte Gustav Adolphs. Stuttgardt und Leipzig. 1837. S. 250.
[81]) Lengnich. Band V. S. 204.

Anfangs fielen nur kleine Scharmützel vor, bis 8 Kosacken-, 2 Heiducken-, 9 Husaren- und eine Dragoner-Compagnie, denen der Unterfeldherr selbst mit seiner Leib-Compagnie Kosacken folgte, über jene Brücken aus dem Polnischen Lager rückten, und sich so aufstellten, daß ein großer Theil von einem Berge bedeckt wurde, ein anderer Theil die Anhöhen besetzte. Der König fürchtete einen starken Hinterhalt, wollte sie deshalb nicht angreifen, sondern zog sich, um sie aus ihrer vortheilhaften Stellung zu locken, etwas zurück. Die Polen sahen dies als ein Zeichen eines völligen Abzugs an, und wandten sich nach dem Lager. Da schickte er ihnen eine Parthie Dragoner in den Rücken und lockte hiedurch einige Compagnien Husaren und Kosacken in's offene Feld, die sich nun mit den schwedischen Dragonern tapfer herumschlugen. Dem Polnischen Feldherrn wurde das Pferd unter dem Leibe erschossen, und er mußte eine Zeitlang zu Fuße fechten, bis ein Kosack ihm ein frisches Roß zuführte.

Am folgenden Tage, den 18. August, kam der König mit der ganzen Armee wieder und führte selbst den Vortrab. Um die Flucht der Polen zu hindern und dieselben ganz einzuschließen, ließ er schnell auf der rechten und linken Flanke alle Zugänge besetzen, die zum feindlichen Lager führten. Besonders wichtig war der Besitz des Dorfes Rokitken[82]) auf der linken Seite der Polen, welches ihr Lager beherrschte. Der König schickte zuerst 200 Finnen gegen das Dorf, welche einen Theil desselben in Brand steckten. Die Polen, um den Zugang zu wehren, kanonirten aus ihrem Lager unaufhörlich, so daß die Schweden nicht weiter vorrücken konnten, bis der König 14 halbe Karthaunen, welche er bei sich hatte, aufpflanzen ließ und dadurch das Schießen der Polen zum Schweigen brachte[83]). So standen die Sachen Nachmittags. Das polnische Heer schien ohne Rettung verloren, denn ihre beste Waffe, die Reiterei, konnte sich in den engen Raum des Lagers eingedrängt gar nicht wehren, und das Polnische Fußvolk war ganz schlecht. Allein in diesem kritischen Augenblicke entreißt den Schweden ein unglücklicher Schuß den gewissen Sieg. Gustav kommandirte in eigener Person die Musketiere, welche Rokitken stürmten, und untersuchte selbst die verschiedenen Posten. Eben stand er in der Nähe des Dorfes, als der Feind, der sich schon zurückzog aus einem der letzten Häuschen des Ortes einige Musketen abfeuert. Eine Kugel traf ihn neben dem Halse und ging durch die rechte Schulter. Er wurde zu Wagen nach Dirschau gebracht. Unterwegs blutete die Wunde trotz eines in der Eile angebrachten Verbandes

---

[82]) Gfrörer's Geschichte Gustav Adolphs. S. 252.
[83]) Lengnich. S. 205.

fort. Die Armee bestürzt und im hohen Grade besorgt für des Königs Leben, ließ alle weitern Unternehmungen ruhen und folgte ihm dahin. Der König war nicht ohne Gefahr, aber schon den 23. August stellte er sich, obgleich noch leidend auf dem Marktplatz zu Dirschau zu Pferde wieder dar.

Unterdessen war bald nach dem 18. August auch der König von Polen ins Lager gekommen. Die holländischen Gesandten gingen nun von einem Könige zum andern und brachten es auch dahin, daß zwischen beiden Lagern Zelte errichtet und am 4. September Unterhandlungen angeknüpft wurden. Doch kam es zu keiner Einigung.

Am 3. Oktober empfing Gustav Adolph den ihm hieher überschickten Englischen Ritterorden vom Hosenbande mit großer Pracht, hob hierauf das Lager auf und rückte vor Wormbit, behielt jedoch Dirschau besetzt.

Im Jahre 1628 rückten die Schweden im Frühjahre aus ihren Quartieren und bezogen nach ihres Königs Ankunft ihr altes Lager bei Dirschau, während die Polen das ihre auf Küche bei Mewe aufschlugen. Nachdem Gustav Adolph das Polnische Lager recognoscirt hatte, ging er in die Nehrung und ließ zwischen Weichselmünde und Danzig eine Batterie aufwerfen und die in der Weichsel liegenden Polnischen Kriegsschiffe mit 8 ledernen Kanonen (die im Jahre vorher erfunden waren) und 2 halben Karthaunen beschießen. Eins wurde in die Luft gesprengt, eins verbrannte, das dritte wurde schon brennend durch den Regen gelöscht. Dann zog er mit 5000 Mann ins Danziger Werder bis Praust und von dort mit großer Beute ins Lager bei Dirschau zurück. Den 2. August rückte er auf Grebin, ließ dann beim Haupte eine Brücke schlagen und zog mit 63 Kornet Reitern, 11 Regimentern zu Fuß, 18 metallenen und 22 ledernen Stücken bis Marienwerder, Garnsee und bei Graudenz über die Weichsel. Die polnische Armee war nachgerückt und die Ossa allein trennte die Heere. Den 24. September nahmen die Schweden Straßburg mit Sturm. Am 1. November kam Gustav nach Elbing und segelte am 8. in sein Reich.

Im Jahre 1629 erhielten die Polen von Wallenstein kaiserl. Hülfstruppen. Sie faßten nun den Entschluß, die Schweden durch Ostpreußen von der See abzuschneiden oder Dirschau zu belagern[84]). Gustav Adolph langte den 31. Mai mit 8 Kriegsschiffen und 5 Privatschiffen, worauf drei frische Regimenter sich befanden, in Pillau an und lagerte sich bei Marienburg; Wrangel zwischen Riesenburg und Marienwerder. So war sowohl Dirschau, seine feste Verbindung mit der andern Weichselseite, als die See gesichert. Als er erfuhr, daß für Dirschau nichts zu besorgen sei, brach er

---

[84]) Lengnich. V. 226.

den 20. Juni mit 20 Kornet Reitern, 3 Regimentern zu Fuß und 18 ledernen Kanonen von Marienburg nach Marienwerder auf, um sich mit Wrangel zu vereinigen. Als er dies bewirkt hatte, machte er sich auf den Rückweg, Wrangel mit seiner Armee voran, er folgend. Die Polen aber hatten Nachricht davon, ließen Wrangel passiren und schnitten dem Könige dann den Weg ab, worauf es im Stuhm'schen Walde zu einem bedeutenden Treffen kam. Das Gefecht währte mehre Stunden und der König lief Gefahr getödtet zu werden. Denn als er nach Erlegung eines Husaren etwas von seinen Truppen abkam, gerieth er unter die Feinde. Ein Soldat ergriff ihn am Schultergehenk und führte ihn ein Stück Weges fort. In diesem Augenblicke reichte ihm ein einzelner herbeieilender Reiter eine Pistole, womit er seinen Gegner erlegte. Mit Verlust von 700 Mann und Hinterlassung von 10 ledernen Kanonen kamen die Schweden in Marienburg an. Gustav Adolph hatte in diesem Augenblicke 17,000 Mann, wovon 8000 in den Besatzungen, die übrigen im Lager sich befanden. Die Polen und kaiserlichen Hilfstruppen nahmen ihr Lager jetzt bei Groß-Mausdorf in der Nähe von Neuteich, wo den 17. Juli auch ihr König und die Prinzen anlangten. Als 60 Wagen Proviant mit Bedeckung von 300 Soldaten von Danzig nach dem polnischen Lager zuzogen, wurden sie gefangen genommen und nach Dirschau gebracht.

Nach diesem vierjährigen Kampfe kam endlich, hauptsächlich durch Vermittelung des Kurfürsten von Brandenburg, so wie der französischen und englischen Gesandten, ein sechsjähriger Waffenstillstand zu Stande. Auf dem Felde zu Altmark nahe bei Stuhm wurde er den 26. September 1629 unterzeichnet. Hiernach behielten die Schweden in Westpreußen Strasburg, Dirschau, den Danziger Werder, Gutstadt, Wormditt, Frauenburg, Braunsberg, Tolkemit, Elbing, im Marienburger Werder das Ufer des Haffes bis zum Ausfluß der Weichsel, Stobbendorf, Allendorf, Tiegenort, ein Stück der Danziger Nehrung und Pillau. Andere Orte des großen Werders und Marienburg wurden dem Kurfürsten von Brandenburg zur Bewachung (in sequestrum) übergeben. In diesem letztern sollten die Katholiken im Besitz der Kirchen und geistlichen Güter, die sie vor dem Kriege gehabt, bleiben, die Evangelischen aber freie Religionsübung haben.

Am 13. September 1629 reisete Gustav Adolph ab und sah Westpreußen nicht wieder. Drei Jahre später, am 16. November 1632 fiel er bei Lützen. In demselben Jahre starb auch sein unversöhnlicher Feind Sigismund III. von Polen.

Dirschau stand also unter Schweden. Als das Jahr 1635, in welchem der Waffenstillstand abgelaufen war, herankam, herrschte in Schweden Christine, die Tochter Gustav Adolph's, in Polen Wladislaw IV. der Sohn Sigismund des Dritten. Man rüstete beiderseits, doch kam am 16. September 1635 ein 26jähriger Waffenstillstand zu Stuhmsdorf zu Stande. Danach gaben die Schweden den Polen die Besitzungen in Westpreußen zurück und Polen erkannte die Königin von Schweden als solche an. Katholiken und Evangelischen wurde gleiche Religionsfreiheit zugesichert.

So kam Dirschau, nachdem es 9 Jahre unter Schweden gestanden hatte, unter die frühere polnische Herrschaft. Die Kirche zur heiligen Kreuzerhöhung wurde wieder an die Katholiken abgegeben. Die Gemeinde war durch Krieg und Brand erschöpft und unfähig eine Kirche auf eigne Kosten zu bauen. Sie erhielt jedoch reiche, milde Beiträge aus den drei großen Städten im Lande. Es wurde ihr der ehemalige Komthurei-Speicher nahe am hohen Thore und an der Stadtmauer eingeräumt; diesen richtete sie als Gotteshaus ein und bereits 1639, also nach 3 Jahren, wurde die Kirche benutzt, die zum Andenken an die auf dem Kirchhofe abgebrochene den Namen Sanct Georg erhielt. Uns allen ist sie als heiliges Gottes-Haus bekannt, in welchem wir die ersten Gesänge, den ersten Orgelton, die ersten ernsten Worte des Geistlichen vernahmen [65]).

Wie nach gewaltigen Bewegungen Reaktionen eintreten, so folgte dem Siege des evangelischen Glaubens auch in unserer Stadt bald die Unterbrückung desselben durch die jetzt begünstigte katholische Kirche. Anfangs 1640 wurde dem evangelischen Geistlichen durch ein königliches Pönal-Mandat und ein Schreiben des Kujawischen Bischofs befohlen, sich des Gottesdienstes zu enthalten [66]), und das zur Kirche geweihte Gebäude zu andern Verrichtungen anzuwenden.

Im September kam jedoch ein Vertrag zu Stande, dem gemäß der katholische Geistliche eine Entschädigung erhielt, und der evangelisch-lutherische Gottesdienst gestattet wurde. Dessen ungeachtet suchte der katholische Pfarrer im folgenden Jahre die öffentlichen Uebungen der Lutherischen Religion durch Vorladungen nach Hofe abermals zu stören, die Stadt wußte jedoch die bisher genossene Freiheit zu behaupten.

---

[65]) Sie war wenig kleiner, als die jetzige Kirche, hatte den Eingang nördlich, die Kanzel links, den Altar am südlichen Ende, um die nördliche und westliche Seite herumgehend einen Chor, auf dem über dem Eingange sich die Orgel befand. Die Decke war von Brettern, auf welche die Schöpfung nicht ohne Geschick nach Mustern im Batikan zu Rom gemalt war.

[66]) Lengnich. VI. 177.

Als 1654 die Königin von Schweden Christine die Krone niederlegte, übergab sie ihrem Vetter Karl X. Gustav, dem Sohne der Halbschwester Gustav Adolph's und des Pfalzgrafen Johann Kasimir von Zweibrücken, den Thron. Der polnische König Johann II. Kasimir, Bruder des vorigen Königs, protestirte gegen die Thronbesteigung. Diese Protestation und die Begrüßungsformel: König der Schweden statt König von Schweden gab den Vorwand zum Bruch des Waffenstillstands. Karl X. brach 1655 mit 30,000 Mann von Pommern aus in Polen ein, schlug die weit stärkere Armee in zwei blutigen Schlachten, drang nach Warschau und Krakau vor und zwang den König Kasimir nach Schlesien zu fliehen, worauf er sich zum Könige von Polen erklärte. In Westpreußen rüstete man sich unterdessen noch zum Widerstande. Im November machte sich Karl X. dahin auf, nahm Thorn und Elbing und trug dem General Steenbock auf, die Plätze in Pommerellen zu nehmen. Dieser kam denn auch mit seinem Heere zunächst nach Mewe und dann nach Dirschau, vor dessen Mauern er sich lagerte. Die Stadt wollte von einer Uebergabe, wozu sie aufgefordert wurde, nichts hören, sondern stellte viele Bedingungen. Als alles zum Sturm bereit war, begab sich der Kommandant, um die Stadt zu schonen, zum schwedischen Generale, bei welcher Gelegenheit, wie die Chronik [87]) berichtet ihm der aus der Tasche hervorragende Thorschlüssel unvermerkt ausgezogen und das Thor geöffnet wurde. Im Januar bezogen die Schweden die Winterquartiere.

In den Kämpfen, welche die streitenden Parteien in den nachfolgenden Jahren insbesondere um Danzig, das treu bei Polen geblieben war, führten, wurde Dirschau noch zu wiederholten Malen der Schauplatz des Krieges.

Anfangs 1656 wollten die Danziger das von den Schweden besetzte Dirschau überrumpeln. Der Anschlag wurde aber verrathen und sie mußten mit Verlust abziehen [88]).

Den 18. bis 20. Juli gewann Karl X. die dreitägige Schlacht bei Warschau, in welcher beide Könige und der große Kurfürst von Brandenburg, der Verbündete Karls, persönlich zugegen waren. Die nächste Folge dieses Sieges für den Kurfürsten war der Vertrag zu Labiau 30. October 1656, in welchem der Schwedenkönig, der vorher die Oberlehnshoheit über Preußen sich beilegte, ihm den unabhängigen Besitz von Ostpreußen feierlich zusagte. Der polnische König marschirte bei Kasimirs über die Weichsel

---

[87]) Lengnich. VII. 149.
[88]) Lengnich. VII. 159.

und kam über Konitz nach Danzig. Bei Langenau schlug er für seine Armee das Lager auf und begab sich selbst in die Stadt. Diese Truppen im Lager machten nun einen Anschlag auf Dirschau und das Weichselhaupt, da Karl X. jenseits der Weichsel war. Doch dieser ging den 27. December über die bei Dirschau und Mewe geschlagenen Brücken, welche des häufig gehenden Grundeises wegen früher nicht fertig werden konnten [89]). Er schützte Dirschau und begab sich ins Danziger Werder, um zwischen Stadt und polnischem Lager durchzubrechen, worauf die polnische Kavallerie nach Konitz, das Fußvolk nach Danzig floh und die Schweden 500 Rüstwagen erbeuteten.

Im Jahre 1657 kehrte Karl X. auf den Schauplatz seiner Siege nicht zurück, sondern kämpfte gegen die Dänen. Gleichwohl wurde der Krieg in Westpreußen fortgeführt. Unter anderm beabsichtigten die Danziger, den Schweden Dirschau abzunehmen und die dort befindliche Weichselbrücke zu zerstören. Sie schickten deshalb Anfangs September 1800 Mann aus, gegen die der schwedische Statthalter seine Truppen in den Hinterhalt legte, und da eben 900 Brandenburger in der Gegend vorüber nach der Mark zogen, bewog er sie gegen die Danziger zu fechten. Die Brandenburger wurden zuerst angefallen und mit Hinterlassung dreier Standarten und einiger Gefangenen in die Flucht getrieben. Jetzt griffen aber die Schweden an und nöthigten die Danziger nach einem harten Gefechte, sich durch einen Morast zurückzuziehen. Diese verloren dabei an Todten und Gefangenen dreihundert Mann sowie drei Feldstücke und vier 12pfündige Kanonen und sämmtliche Munition. Bald darauf verließen die Schweden, nachdem sie die Brücke zerstört hatten, Dirschau freiwillig.

Der große Kurfürst trat unterdessen mit Polen in Friedensunterhandlung und der König entsagte im Vertrage zu Wehlau am 19. September 1657 der Oberlehnshoheit über Preußen.

1658 im Mai eroberte der schwedische General-Statthalter eine Schanze, welche die Polen bei Lunau errichtet hatten und steckte 400 Gefangene unter seine Truppen. Die Polen hatten ein Lager bei Lübschau von 8000 Mann. Die Danziger unterstützten es mit Munition und mit 500 Musketen [90]).

1659 kam der schwedische General-Lieutenant Paul Wirtz mit 3000 Pferden aus Pommern und nahm Schlochau, Konitz, Schwetz, Culm und Dirschau ein. Letzteres wurde diesmal nach wenigen Stunden zur Ueber-

---

[89]) Lengnich. VII. 174.
[90]) Lengnich. VII. 212.

gabe gebracht⁹¹). Als aber später mehre andere Plätze, insbesondere Graudenz, verloren gingen, wurde auch Dirschau von den Schweden wieder geräumt, nachdem sie vorher das grobe Geschütz und die Munition abgeführt, die vornehmsten Festungswerke geschleift und die Weichselbrücke abgeworfen hatten. Es ist anzunehmen, daß mit dieser Schleifung die Zerstörung der meisten Thürme und der Zugbrücken sowie das theilweise Ausfüllen der Gräben verbunden war und in diese Zeit haben wir also das Aufhören Dirschaus als einer schwer bezwingbaren Feste zu setzen. Erst in den Napoleonischen Kriegen ist es durch seine Schanzen wieder eine zur Vertheidigung geeignete Stadt geworden.

Man war allerseits zum Frieden geneigt und Oliva wurde zum Orte für die Vermittelung gewählt. Am ersten Tage ihrer Zusammenkunft erfuhren die Bevollmächtigten den am 5. Februar erfolgten Tod König Karls X. Der Friede wurde gleichwohl zwischen Schweden und Brandenburg einerseits und Polen andrerseits am 3. Mai 1860 geschlossen (sein 200jähriger Jubeltag ist vor wenigen Monaten festlich begangen⁹²). Polen gab seine Ansprüche auf Schweden und Liesland auf und trat Esthland an Schweden ab, wogegen es Kurland zurückerhielt; die Schweden räumten die noch besetzten Plätze, der Kurfürst von Brandenburg behielt Ostpreußen als freies, von jeder Lehnspflicht entbundenes Herzogthum, und die Religionsfreiheit wurde gewährleistet.

So kam endlich unser Land und unsere Stadt zum ruhigen Genusse des Friedens, und Dirschau sah Tage, wie die erlebten, fast 150 Jahre nicht wieder.

Im Jahre 1710 wurde die Stadt von der orientalischen Pest heimgesucht, es starben in der evangelischen Gemeinde 269 Personen.

Johann Reinhold Forster.

Die Werke des Friedens: Ackerbau, Handel und Handwerk erblühten wieder neu, und es bildete sich in unserm Orte ein thätiger, biederer, in Genügsamkeit behaglich lebender Bürgerstand heraus. Aus seiner Mitte ging dann auch eine der bedeutendsten Erscheinungen der Literatur, einer der größten Naturforscher des vorigen Jahrhunderts, Johann Reinhold Forster hervor. Sein Urgroßvater Adam Fester lebte bereits 1667 in Dirschau als Bürger und Handelsmann⁹³). Dessen Sohn, George Fö-

⁹¹) Lengnich. VII. 217.
⁹²) Pfahl. Oliva, Denkschrift und Festgabe zum 3. Mai 1860.
⁹³) Er wohnte nach dem Haus- und Wiesenregister von 1769 im Hause No. 122 (nach jetziger Zählung), 1667 ist er zuerst Taufzeuge, heirathet eine Catharina Galeski und hat 3 Söhne und 5 Töchter, 6 von diesen Kindern sind in Dirschau geboren.

ſter, der Großvater des Naturforſchers, iſt muthmaßlich vor Ankunft des Adam Feſter an einem andern Orte um 1663 geboren, da die hieſigen Kirchenbücher ſeine Geburt nicht angeben. Er wird 1702 Bürgermeiſter, verheirathete ſich 1690 mit einer Florentine N. N. (ſpäter 1718 mit einer Marie Galeski) und ſtirbt 1726**). — Sein Sohn, George Reinhold Forſter, der Vater des Naturforſchers, iſt den 19. März 1693 geboren, heirathet die Wittwe Plath, geborne Eva Wolf, welche das ehemalige Comthureigebäude, jetzt No. 103, beſaß, wird Stadtſekretair und Gerichtsnotar (Beilage XIII.) und 1733 Bürgermeiſter. Ihm wird in dem genannten Hauſe, 1729 den 22. Oktober Johann Reinhold Forſter**) geboren, (nach dem hieſigen Kirchenbuche am 25. Oktober getauft). Er beſuchte zuerſt die Schule unſerer Stadt, kam ſpäter zu ſeiner weiteren Ausbildung nach Berlin und bezog dann die Univerſität Halle, wo er Theologie und außerdem die alten und neuen, namentlich orientaliſchen Sprachen ſtudirte. Im Jahre 1751 kehrte er nach Danzig zurück und erhielt 1753

**) Er wohnte im Hauſe No. 42 nach jetziger Zählung, hat 4 Söhne und 4 Töchter.

**) In Forſters Lebensbeſchreibung wird nicht ſelten angeführt, daß er aus dem alten ſchottiſchen Hauſe der Lords Foreſter herſtamme, von denen Einige durch die politiſchen Unruhen vertrieben, ſich in Polniſch Preußen niedergelaſſen hätten. Wir laſſen dies dahingeſtellt, wie viele ſolche Genealogien, wenn auch der Urgroßvater, der Bürger und Handelsmann Adam, allerdings bald nach der Zeit in Dirſchau erſcheint, als Carl I. in England hingerichtet wurde, ſo daß er möglicherweiſe der Sohn eines Auswanderers war. Jedenfalls hat die Familie dann dieſen Namen zuerſt in Feſter geändert. Die allmälige Aenderung des Namens in der Familie iſt durch die hieſigen Bücher auf das unzweifelhafteſte erwieſen und der oben angegebene Stammbaum durch die Kirchenbücher auf das genaueſte dargethan.

Das Dirſchauer Haus- und Wieſenbuch von 1749 enthält noch folgende Notiz: „Haus No. 103. Martin Plaht ſtarb † 1726, deſſen Wittwe Eva G. Wolff der Ehligt ſich hernach mit dem damahligen Stadt-Secretair und Gerichts-Notario George Reinhold Förſter. Dieſer ward 1733 Bürgermeiſter, allein er rührte ihm der Schlag, ſo daß er dieſe Würde nicht biß an ſein Ende bekleiden konnte, welches 1753 erfolgte. Es erbte alſo dieſes Hauß ſein Sohn Herr Reinh. Förſter, Prediger in Naßenhuken, Reform Religion, allein ging von da fort nach Engeland und Rußland um ſeine Fortuna in weitentlegenen Ländern zu ſuchen (dieſes ſein Vater iſt der erſte geweſen der aus Föſter den Nahmen Förſter gemacht, wie auch ſein Hr. Bruder Aſſeſſor im Marienburg'ſchen Schloß. Dies Haus verkauft der Prediger an J. J. Kayſer vor 4000 fl."

An einer andern Stelle heißt es bei Haus No. 42 vom Oheime des Naturforſcher Herrn Carl Förſter: „Dieſer H. Aſſeſſor veränderten nebſt dero Bruder Bürgermeiſter allhier alſo ihren Familien-Nahmen, daß ſie den Buchſtaben r noch mit einflückten an ihren Familien Nahmen. Er ward zwar zum Schöppen erwählet, allein er zog nach Marienburg, erhielt daſelbſt Titel und Güther und ließ ſich etliche Jahre darauf von deſſen Geliebte ſcheiden."

die Predigerstelle zu Naffenhuben, in demselben Jahre als in Dirschau sein Vater starb und er deffen Haus erbte. Dort heirathet er sogleich und 1754 den 26. November wurde ihm sein Sohn Johann Georg Adam geboren. Er verwandte nun alle seine Mußestunden auf das Studium der Mathematik, Philosophie, Länder- und Völkerkunde, so wie der alten Sprachen. Da er sein geistliches Amt jedoch nicht aus innerm Berufe verwaltete, so strebte er fortzukommen. Er nahm daher den Antrag der Kaiserin Katharina II. das Koloniewesen in Saratow im asiatischen Rußland zu untersuchen, mit Freuden auf, und ging im März 1765 von seinem 11jährigen Sohn begleitet dahin ab. Seine Berichte, worin er mehre Mißbräuche der dortigen Verwaltung aufdeckte, scheinen ihm Feinde zugezogen zu haben, denn obgleich er nach seiner Ankunft in Petersburg von der Kaiserin den Auftrag erhielt, mit Zuziehung mehrer Gelehrten ein Gesetzbuch für die Kolonisten zu entwerfen, empfing er doch für diese Arbeiten und Reisen, so wie für die verlorne Predigerstelle nicht die erwartete Entschädigung und reiste im August 1766 ohne die geringste Belohnung nach London. Hier mußte er seiner Subsistenz wegen die von seinen Reisen mitgebrachten Sammlungen verkaufen und später suchte er sich durch Uebersetzungen Geld zu verdienen. Nachdem er mehre ihm von Amerika angetragenen Pfarrstellen ausgeschlagen, folgte er dem Rufe als Professor der Naturgeschichte, der französischen und deutschen Sprache nach Warrington im Lancashire; doch legte er dies Amt bald nieder und lebte als Privatmann zu Warrington, bis er 1772 von der englischen Regierung den Antrag erhielt, den Kapitain Cook auf seiner zweiten Reise um die Welt als Naturforscher zu begleiten. Die Expedition hatte besonders die Aufgabe, zuerst die Südsee-Inseln zu durchforschen und dann zum Südpole zu steuern, um festzustellen, ob dort Land vorhanden sei. Forster mußte sich verpflichten, nichts von dem officiellen Berichte Gesondertes drucken zu lassen. Sein 18jähriger Sohn Georg begleitete ihn. Die Reise währte 3 Jahre. Nach London zurückgekehrt, wurde der Bericht des Kapitain Cook von der englischen Regierung mit den reichsten Kupferstichen ausgestattet, Forsters Bitte jedoch, ihm hievon einen Theil für sein wissenschaftliches Werk zu geben, abgeschlagen. Hierüber entrüstet, gab er die Beschreibung der Reise in 3 Bänden auf seine Kosten heraus. Da er sich jedoch verpflichtet hatte, nichts drucken zu lassen, so erschien sie unter dem Titel: „Johann Reinhold Forsters Reise um die Welt, beschrieben von seinem Sohne Georg"**). Sie wird deshalb nicht selten dem letztern beigelegt, obgleich jeder, der das

---

**) Voyage round the world. London 1777. 2 Bände, deutsch, Berlin, 3 Bände.

Werk liest, erkennen muß, daß dazu die gediegensten und tiefsten Kenntnisse gehören, die einem 20jährigen Jünglinge unmöglich eigen sein konnten.⁹⁷)

Seine reichen Notizen über Gegenstände der physischen Erdbeschreibung und Naturgeschichte, die er auf der Reise gesammelt hatte, gab er später unter seinem eignen Namen und dem Titel: „Observations made during a voyage round the world. Lond. 1748. 4." Deutsch von seinem Sohne. Berlin, 1779—80. 2 Bände.

Die juristische Doktorwürde, die ihm die Universität Oxford ertheilte, war die einzige Belohnung die er erhielt, weil die englische Regierung den unter dem Namen seines Sohnes erschienenen Reisebericht, als eine Umgehung jener Verpflichtung betrachtete, auch Bemerkungen darin fand, die ihr nicht angenehm waren, besonders aber weil Forsters Heftigkeit und Gewandtheit auch hier Anstoß erregt hatte.

Forster kehrte nach Deutschland zurück und wurde Professor der Naturgeschichte und Inspektor des botanischen Gartens in Halle, wo er lange mit Beifall lehrte und den 9. Dezember 1798 starb.⁹⁸) Obgleich in seinem Wesen heftig und rauh, war er doch auch höchst gefällig und dienstfertig gegen jedermann, erkannte fremde Verdienste willig an und zeigte im Umgange meistens eine unerschütterliche frohe Laune. Als er Friedrich dem Großen vorgestellt wurde, sagte er zu diesem: „Ich habe sieben Könige gesehen, vier wilde und drei zahme, aber keiner kommt Ew. Majestät gleich." — Bei seinem Tode hinterließ er nichts als ein auf den Südsee-Inseln gesammeltes Herbarium von 1500 Pflanzen, das Kurt Sprengel öffentlich ausbot. Das höchste Gebot in Deutschland waren 200 Thaler; als es eben dafür erlassen werden sollte, kam aus England ein Gebot von 2000 Thaler; dort ist es vielleicht noch vorhanden. Mit großer Liebe sprach er stets von seinem Heimathorte Dirschau, und es war sein sehnlicher Wunsch: „seine

---

⁹⁷) Das Sachverhältniß ist mir von meinem Lehrer, dem berühmten Professor der Botanik, Kurt Sprengel in Halle, dem genauen Freunde und Nachfolger Forsters bestimmt so mitgetheilt worden.   Pr.

⁹⁸) Außer den schon angeführten größeren Werken schrieb er noch: Indroduction into mineralogg London 1768. — Novae species insectorum, centuria I. 1771. — Flora Americae septemtrionalis 1771. — Epistolad ad J. D. Michaelis. Göttingen 1772. — Zoologiae indicae rarioris specielgium. Halle 1781; 2. Aufl. dess. 1795, London 1790. — Geschichte der Entdeckungen und Schifffahrten im Norden, Frankfurt a. d. O. 1784, engl. London 1786, franz. Paris 1788. — Euchiridion historiae naturali interveniens. Halle 1788. Mit seinem Sohne: Descriptio etc, characterum et generum plantarum, quas in itinere ad insulas maris australis 1772—1775 coll. London 1776, deutsch von J. S. Kerner, Göttingen 1776, — und mit demselben und M. S. Sprengel: Beiträge zur Völker- und Länderkunde. Leipzig 1781, 3 Bände. Gab heraus: Magazin neuer Reisebeschreibungen, Leipzig, 1790—98. 10 Bände.

Vaterstadt im lieben Kassubenlande," vor seinem Tode noch einmal zu sehen, was ihm jedoch nicht beschieden ward [**]).

Forsters Einfluß auf das Studium der Naturwissenschaft im vorigen Jahrhunderte können wir nur mit dem mächtigen Einflusse Humboldt's auf dieselben in unserer Zeit vergleichen. Hören wir, was Humboldt selbst im Kosmos über ihn sagt:

„Wäre es mir erlaubt einige Erinnerungen anzurufen, mich selbst zu befragen, was einer unvertilgbaren Sehnsucht nach der Tropengegend den ersten Anstoß gab, so müßte ich nennen: „Forsters Schilderungen der Südsee-Inseln". An einer andern Stelle: „Ich habe hier die Richtung zu bezeichnen versucht, in welcher das Darstellungsvermögen des Beobachters die Belebung des naturbeschreibenden Elements und die Vervielfältigung der Ansichten auf dem unermeßlichen Schauplatze schaffender und zerstörender Kräfte als Anregungsmittel des wissenschaftlichen Studiums auftreten können. Der Schriftsteller, welcher in unserer vaterländischen Literatur nach meinem Gefühle am kräftigsten und gelungensten den Weg zu dieser Richtung eröffnet hat, ist mein berühmter Lehrer und Freund Forster gewesen. Durch ihn begann eine neue Aera wissenschaftlicher Reisen, deren Zweck vergleichende Völker und Länderkunde ist. Mit einem feinen ästhetischen Gefühle begabt, in sich bewahrend die lebensfrischen Bilder, welche auf Tahiti und anderen damals glücklicheren Eilanden der Südsee seine Phantasie erfüllt hatten, schilderte Forster zuerst mit Anmuth die wechselnden Vegetationsstufen, die klimatischen Verhältnisse, die Nahrungsstoffe, in Beziehung auf Gesittung der Menschen nach Verschiedenheit ihrer ursprünglichen Wohnsitze und ihrer Abstammung. Alles was der Ansicht einer exotischen Natur Wahrheit, Individualität und Anschaulichkeit gewähren kann, findet sich in seinen Werken vereint. Nicht blos in seiner trefflichen Beschreibung der zweiten Reise des Kapitain Cook, mehr noch in den kleinen Schriften, liegt der Keim zu vielem Großen, das die spätere Zeit zur Reife gebracht hat. Aber auch dieses so edle, gefühlvolle, immer hoffende Leben durfte kein glückliches sein."

So entzündete sich an dem herrlichen wissenschaftlichen Lichte, das aus unserer Stadt hervorging, die mächtige Flamme, welche unser Jahrhundert und den Erdball mit einem ungekannten Glanze erleuchtet hat.

Sein Sohn Joh. Georg Adam Forster (die Vornamen sind wie wir sehen vom Vater, Urgroß- und Urältervater entlehnt) ist zwar nicht hier,

---

[**]) Der Verfasser verdankt die beiden letzten Notizen der mündlichen Mittheilung seines verehrten Lehrers Kurt Sprengel im Jahre 1831.

sondern 1754 in Nassenhuben geboren, aber der Sproß einer durch vier Generationen in Dirschau ansässigen Familie. Er hat einen dem des Vaters fast gleichen Ruf errungen. Sein Jugendleben theilte er, wie vorher bemerkt ist, mit seinem Vater. Von seiner Reise um die Welt zurückgekehrt, ging er nach Paris, wo er Buffon kennen lernte, dann nach Holland. Später hatte er einen Lehrstuhl der Naturgeschichte in Kassel, Wilna und Göttingen, und starb als Bibliothekar in Mainz am 11. Januar 1794, also noch vor seinem Vater zu Paris, als er eben seiner Gesinnung wegen guillotinirt werden sollte.

Ein anderer bedeutender Gelehrter des vorigen Jahrhunderts, der Astronom Nathanael Mathias v. Wolf, lebte längere Zeit in unsern Mauern. Er war 1724 zu Konitz geboren, studirte in Halle Medizin, ward der Leibarzt des Fürstbischofs von Posen, Theodor Chartoriski, und später des Kronmarschalls Fürsten Lubomirski, den er auf mehren Reisen begleitete, worauf er in London und Polen mit vielem Glück practicirte. Von dort zurückgekehrt setzte er sich zur Ruhe und zog nach Dirschau, wo er 1770 das Haus Nr. 8 kaufte, auf welchem er eine Sternwarte errichtete, welche die ältesten jetzt lebenden Bewohner noch recht wohl gekannt haben. Auf dem seinem Hause gegenüber liegenden, damals Wolf gehörigen Speicher, befindet sich als Erinnerung an ihn noch heute eine aus Eisenstäben gebildete, vier Meridiane, den Himmels-Aequator, die Wende- und Polarkreise sowie die Ekliptik darstellende Himmelskugel, in deren Innerem eine kleinere die Erde bezeichnet. Als Dirschau an Preußen kam, gestattete ihm seine Verbindung mit Polen den Aufenthalt nicht weiter und er zog nach Danzig. Von dort kehrte er jedoch oft hieher zurück, um in seinem Garten in der Ulrichstraße D. 17 die Sommertage zuzubringen[100]). Er starb 1784 und vermachte der Danziger naturforschenden Gesellschaft sein Observatorium, seine Bücher, Instrumente und Naturalien nebst einem Kapitale von 48,000 Fl.[101]).

---

[100]) Haus- und Wiesenbuch von 1769 mit Fortsetzung: Haus No. 8. „Dieß Hauß verkaufft 1770 mensis Febr. Wölm vor 300 Ducaten, 12 fl. gerechnet, macht 3600 fl. an Hrn. Nath. Math. Wulff, welches ihm auch verschrieben wurd gerichtlich. Seit der occupation dieser Provinz an Preußen hält sich Herr Doctor Wulff beständig in Danzig auf und hat vornehme Kunden an sich, im Sommer kommt er oft her und hält sich in seinem Gartenhäußchen, am Wasserthore gelegen, auf." — Das Uebrige nach Mittheilung Mitlebender.

[101]) Er schrieb: Genera plantarum vocabulis characteristicis definita. Danzig 1776 und andere botanische und medicinische Schriften, ferner Unterricht für's Volk gegen die Pest. Danzig 1776 (in's Russische und Polnische übersetzt).

Dirschau unter der Herrschaft der Könige von Preußen.
(1773 bis jetzt.)

Wir haben die dreihundert Jahre, welche Dirschau unter Polnischer Herrschaft stand, überschauet, und werfen jetzt einen Blick auf das auch bald vollendete Jahrhundert, in welchem unsre Stadt dem Preußischen Staate angehörte.

Durch das Manifest vom 13. Januar 1773 wurden die frühern Woiwodschaften Pommerellen, Marienburg und Ermeland, 630 Quadratmeilen, Preußen einverleibt. Danzig blieb ausgeschlossen. Polen hat sich oft und viel darüber beklagt, allein mit welchem Rechte nahmen seine Könige dem deutschen Orden das Land, mit welchem Rechte diese den Pommerellischen Herzögen, den Urfürsten dieser Gegend? Das nicht mehr Lebensfähige stirbt und vergeht, und aus dem Hingewelkten erblüht, was in sich die schaffende Kraft hat. Das große mächtige Polenreich ging vielleicht an dem einzigen Fehler zu Grunde, daß es aus einem erblichen ein Wahlreich geworden war!

Die Veränderung ging, wie die Mitlebenden, von denen heute niemand mehr vorhanden ist, erzählten, ohne alle Bewegung vorüber. Die polnischen Adler wurden aus-, die preußischen eingegraben. Dadurch daß Danzig mit seinem Gebiete bis Gütland reichte, wurde Dirschau eine Grenzstadt, in welcher die aus Danzig ins Land gehenden dort erheblich billigeren Waaren zu versteuern waren. Mit der zweiten Theilung Polens 1792, in welcher auch Danzig an Preußen kam, endete dies Verhältniß.

Aus der schönen friedlichen Ruhe, in welcher unsere Stadt anderthalb Jahrhunderte gelebt hatte, wurde sie plötzlich durch die Nachricht von der unglücklichen Schlacht bei Jena aufgeschreckt (16. Oktober 1806). Napoleon drang rasch bis Warschau vor und schickte schon in den ersten Tagen des Januar ein aus Polen und Babensern gebildetes Heer die Weichsel hinab, um Danzig zu nehmen.

Dirschaus Bestürmung, Plünderung und Brand
am 23. Februar 1807.

Die Vorboten der kommenden Ereignisse begannen für Dirschau schon am 17. Januar. An diesem Tage zogen mehre Escadrons polnische Kavallerie, etwa 200 Mann Infanterie mit 2 Kanonen in die Stadt. Abends rückte von Danzig her eine Abtheilung Infanterie und eine Schwadron

Dragoner durchs Danziger Werder gegen Dirschau. Da sie im Außendeiche ritten, wurden sie durch den Damm gedeckt, sie nahmen die Feldwache auf dem damaligen Mühlenberge (auf der Stelle, auf welcher jetzt die Reparatur-Werkstatt steht) gefangen, und überrumpelten die Polen, welche mit Verlust von 7 Todten entflohen. Der Kommandeur Uminski wurde auf dem Markte auf Strümpfen laufend ergriffen und nach Danzig gebracht —

Die Preußischen Truppen verließen leider sofort die Stadt, etwa 20 Mann Polen kamen am nächsten Tage aus den Scheunen, in denen sie sich versteckt hatten, hervor und begaben sich nach Mewe.

Vier Wochen später, als die Stadt unbesetzt war, erschien der polnische Oberst Dombrowski, Sohn des Generals, an der Spitze mehrerer Schwadronen Ulanen in der Stadt. Nachdem die Soldaten sich einquartiert, plünderten sie das Haus des Kaufmanns Hildebrandt (Nr. 21), welcher als Verräther des Uminski bezeichnet war. Hiernach wurden 24 der wohlhabendsten Bürger auf zwei Leiterwagen gepackt, und durch eine Kavallerie-Abtheilung nach Mewe gebracht. General Dombrowski, vor den sie geführt wurden, legte ihnen, nachdem er zunächst mehr gefordert hatte, schließlich eine Kriegssteuer von 7500 Thlr. auf, drei Geißeln blieben als Pfand, die andern wurden entlassen. Nachdem die Stadt die Summe gezahlt hatte, erhielt Dirschau das Versprechen künftig geschützt zu werden.

In den nächsten Tagen zogen kleinere Truppen-Abtheilungen in Dirschau ein und aus, während andere Nachts die Stadt durch Schießen vor den geschlossenen Thoren beunruhigten.

Am 20. Februar langte eine größere preußische Truppenabtheilung, (2 Bataillone Infanterie, mehrere Escadrons Kavallerie und 6 Kanonen) hier an, und zog am nächsten Tage nach Pelplin und Stargardt um den Feind zu suchen. Als sie ihn nirgends fand, kehrte sie nach Danzig zurück und es wurde eine Abtheilung von 540 Mann aus allen in Danzig stehenden Regimentern zusammengeworfen, dabei 40 Feldjäger und 2 sechspfündige Kanonen, unter dem Befehl des Major v. Bothe nach Dirschau gelegt, um hier den Feind aufzuhalten.

Unterdessen rückten über 30,000 Mann unter Lefevre nach Danzig um die Stadt zu belagern.

Am 23. Februar sah man von den Thürmen Dirschau's bedeutende Truppenmassen sich rings um die Stadt lagern. Gegen 9 Uhr früh wurde das Feuer eröffnet und 30 ringsum aufgestellte Kanonen schleuderten unaufhörlich Kartätschen und große Geschosse in dieselbe. Das Gewehrfeuer begann gleichzeitig von allen Seiten. Bald standen die rings um die Stadt stehenden 80 Scheunen, welche die jetzige Mühlen-, Bahnhofs-, Poblitz- und den nördlichen Theil der Schloßstraße einnahmen, in Flammen. Die Lage der Bewohner, welche von einem Feuermeere eingeschlossen, um und über sich nur das Zischen der Granaten und Kanonenkugeln hörten, ihr Eigenthum zerstört, ihr Leben bedroht sahen, wird von allen Mitlebenden als eine entsetzliche geschildert. Die drei Thore der Stadt waren geschlossen. Eine Kanone stand im westlichen, dem hohen Thore, in das eine Oeffnung geschnitten war, eine zweite am nördlichen, dem Mühlenthore und als die eine unbrauchbar geworden, wurde die zweite rasch von einem Thore zum andern gefahren. Das südliche (Zeisgendorfer oder Wasserthor) wurde durch Jäger geschützt, die außerdem aus den geöffneten Dächern aller Häuser an der Mauer auf den Feind feuerten. Dies war es insbesondere, was später zum Vorwande der Plünderung diente, denn man nahm an, daß es Bürger seien, die aus den Häusern feuerten. Endlich fanden die Feinde in der Nähe der katholischen Pfarrkirche, wo man den Stadtgraben leider im Frieden mit Straßenkehricht gefüllt hatte, eine schwache Stelle, und mit wildem Geschrei und Geheul drangen sie gegen 3 Uhr Nachmittags in die Stadt. Die tapfern Vertheidiger wurden nun von allen Seiten angegriffen, und zogen sich zur Weichsel hinab. Das Eis war unsicher. Viele entflohen, andere ertranken, 20 Husaren retteten sich durch die brennenden Scheunen ins Werder. Der tapfere Kommandeur Major v. Bothe wurde gefangen genommen.

Der Feind hatte viele Verwundete und Todte. Zwischen dem evangelischen Kirchhofe und dem hohen Thore waren hundert Pferde erschossen. General Dombrowski, der den Angriff kommandirte, war verwundet, sein Sohn Oberst Dombrowski durchs Ellenbogengelenk geschossen. Die Stürmenden, meistens neue Soldaten, waren zur Tapferkeit durch das Versprechen angefeuert worden, daß ihnen, wenn sie die Stadt nehmen würden, alles darin Befindliche gehöre. Darauf machten sie denn auch im vollsten Maaße Anspruch. Plünderung und Mord begann. Von den Dächern bis zu den Kellern wurde von der rohen Horden jedes Haus durchsucht, und alles irgend Werthvolle geraubt. Wehe dem, der Verdacht erregte etwas zurück zu behalten. Er wurde grausam hingeschlachtet. Ein Arzt war mit dem Verbande eines Kranken [102] beschäftigt; als das Geschrei der Eindringenden ihn ans Fenster lockte, stürzte er von einer Kugel durch den Kopf geschossen todt nieder. Ein nach Hause eilender Bürger wurde durch einen Säbelhieb in den Hals getödtet [103]. Einem Schenkwirthe zerschmetterte ein Pole mit

---

[102] Chirurg Görz im Hause No. 141.
[103] Störmer im Hause No. 144.

dem Gewehrkolben den Schädel, so daß er todt niedersank [104]). Auf ähnliche Weise kamen 14 Einwohner grausam um. In den Scheunen und Ställen verbrannten 400 Stück Rindvieh und 300 Pferde.

Unterdessen hatte der Kommandant von Danzig, Manstein, etwa 3000 Mann ausgeschickt um Dirschau Hülfe zu bringen. Sie trafen bei Rosenberg mit dem Vortrab des Lefevre'schen Corps zusammen, das während der Beschießung Dirschau's den Marsch auf Danzig über Spangau und Mühlbanz fortgesetzt hatte, und mußten weichen, während das Dorf in Flammen aufging.

Als Lefevre selbst einige Tage später nach Dirschau kam [105]) wurde dem Plündern Einhalt gethan und unter Trommelschlag bekannt gemacht, daß jeder Marodeur erschossen werden solle.

Während der Belagerung Danzigs im Jahre 1807, wurde die evangelische Kirche so wie die benachbarten Häuser zum Lazareth eingerichtet. Jenseits Klein-Zeisgendorf wurde eine Brücke über die Weichsel geschlagen an derselben Stelle, an welcher sie unter Gustav Adolph stand. Der Zugang dazu, diesseits Klein-Zeisgendorf, war durch Pallisaden und starke Thorwege geschlossen.

Napoleon selbst kam durch unsere Stadt einmal im Sommer des Jahres 1807. Er ritt die Berliner Straße hinab, hielt am Markte einige Zeit und bestimmte dann außerhalb Punkte für die zum Schutze der Brücke anzulegenden Schanzen.

Das zweite Mal passirte er Dirschau im Juni 1812 auf seinem Zuge nach Rußland. Diesmal fuhr er dieselbe Straße hinab durch die Stadt und ging zu Fuß über die Brücke, die jetzt diesseits Dirschau geschlagen war. Eine alte Frau trat an ihn und wünschte ihm viel Glück zur Reise. Als er ihre Worte sich hatte dolmetschen lassen, klopfte er ihr die Schultern und dankte aufs freundlichste.

Im Mai und Juni 1812, ehe die Armee nach Rußland aufbrach, standen in Dirschau sehr viele Truppen unter General Morand [106]). Der Zug der großen Armee durch die Stadt, die unabsehbaren Heeresmassen, die zahllosen Kanonen, von denen an einem Tage allein 400 an der Weichsel aufgefahren waren, der Glanz und die Pracht der Kavallerie, dies alles schildern Mitlebende als das Großartigste von kriegerischer Zurüstung, das die Phantasie erdenken kann. Im Jahre 1812 wurde der noch heute

---

[104]) Claaßen im Hause No. 75.
[105]) Er wohnte im Hause No. 78.
[106]) Er wohnte im Hause No. 2, starb 1835.

vorhandene Brückenkopf jenseits der Weichsel, so wie die Schanze auf der Höhe von Klein-Zeisgendorf, auf der Stelle des Lagers Gustav Adolphs erbaut, um für den Rückzug aus Rußland nöthigenfalls benutzt zu werden.

Als die große Arme im elendesten Zustande, geschlagen, mit abgefrorenen Gliedern, in Lumpen gehüllt aus Rußland zurückkehrte und unsre Stadt passirte, verweilte auch Murat, der König von Italien, einen halben Tag hier [107]. Er wird als ein blühender Mann mit langem schwarzen Haare, phantastisch gekleidet, auf dem Kopfe Käppchen und Reiherfeder tragend, geschildert. Mortier traf an demselben Tage hier ein [108].

Während 1813 Danzig durch Russen und Preußen belagert war, befehligte in Dirschau der General Arbisow [109]. In dieser Zeit wurden die bis jetzt noch nicht genannten, die Stadt einschließenden Schanzen erbaut.

Als der Befreiungskrieg begann, eilten auch Dirschaus Söhne in den Kampf und die in den Kirchen aufgestellten Tafeln nennen die Namen der mit unsterblichem Ruhm fürs Vaterland Gefallenen.

Wenige sind heute noch vorhanden, welche jene bewegten Tage mit durchlebt haben. Aber zahlreicher sind wir, welche jetzt ein halbes Jahrhundert alt zu unsern frühesten Erinnerungen jene oft wiederkehrenden Freuden- und Volksfeste, jene glanzvollen Erleuchtungen der Stadt zählen, welche in den ersten Jahren nach dem glorreichen Kriege an den Erinnerungstagen der großen Schlachten mit allgemeiner Begeisterung auch in unsern Mauern gefeiert wurden.

Ein festlicher Tag war es gleichfalls, als im Jahre 1817 die hohe Schwester unseres jetzigen Königs, Charlotte, als Braut des späteren Keisers Nikolaus durch unsere Stadt kam und im ersten Greschen auf herrlich geschmücktem Stromfahrzeuge die Weichsel überschritt.

Eine glückliche schöne lange Zeit des Friedens hatten uns unsere Väter erkämpft, unverdient haben wir sie genossen.

Werfen wir noch einen flüchtigen Blick auf die Werke des Friedens, die unsre Stadt in diesem Zeitraume entstehen sah.

Auf der Stelle der Kreuzgänge des 1818 aufgehobenen Dominikanerklosters wurde ein neues Schulhaus für alle Confessionen erbaut und am 18. Oktober 1821 eingeweiht. Bis dahin hatte das rechts am Eingange zur St. Georgen-Kirche liegende Haus nahe am hohen Thore in drei Zimmern als evangelische Knaben- und Mädchenschule gedient, während

---

[107] Im Hause No. 78.
[108] Fiel bekanntlich durch Fieschi's Höllenmaschine 28. Juli 1835.
[109] Im Hause No. 2.

das vierte Lehrerwohnung war. Die Katholiken hielten ihre Schule in der Organistenwohnung, später im Hause Nr. 3.

Gegen das Jahr 1823 begannen bis dahin ungekannte wohlgebaute Chausseen unsern Ort nach allen Richtungen hin zu durchkreuzen. Der Weg nach Danzig, früher über Spangau, Damerau nach Mühlbanz führend, wurde über ehemaliges Feld in gerader Richtung zwischen beiden Orten angelegt. Der Weg nach Marienburg, früher vom Fährkruge auf dem Weichseldamme beginnend und erst in der Nähe Altweichsels dorthin einbiegend, erhielt ebenfalls eine gerade Richtung über ehemaliges Feld. Statt der Weichselfähre, welche über zwei Ströme zwischen denen eine Kämpe lag, führte, erhielten wir 1825 eine Schiffbrücke, für die ein noch heute vorhandener Hafen angelegt wurde[110]). Gleichzeitig wurde auf frühern wüsten Gartenplätzen ein großes Posthaus[111]) erbaut und später zu beiden Seiten desselben zwei kleinere Postgebäude. Neben ihnen erhob sich nach einiger Zeit das schöne Gerichtshaus, dessen Bau 1847 beendigt wurde[112]). Unterdessen

---

[110]) Sie stand bis 1858 in der Richtung der Wasserstraße.

[111]) Hinter diesem Posthause sollte um's Jahr 1838 ein artesischer Brunnen durch den in seinem Fache bewährten Brunnenmeister Hildebrandt in Königsberg angelegt werden. Zu diesem Behufe wurde ein 50 Fuß tiefer, 8 Fuß breiter Schacht niedergetrieben. Hiernach wurde eine Röhrentour von Bohlen, 15 Zoll im Lichten weit, etwa 40 Fuß im Sande versenkt und dann eine zweite Holzröhre von 10 Zoll Lichtweite und demnäch eine dritte Holzröhre von Dauben von 1½ zölligen Brettern angefertigt und eine durch die andere hindurch versenkt, so lange sie die Belastung zum Einsenken tragen konnte. Damit wurde bei Abwechselung von Sand- und Thonschichten eine Tiefe von 120 Fuß erreicht. Dann wurden gußeiserne Röhren in Längen von 15 Fuß mit schmiedeeisernen Muffen verbunden, und so eine Tiefe von 310 Fuß von der Erdoberfläche erreicht. Die ganze sehr stark belastete Tour wollte bei circa 300 Fuß Tiefe nicht vorwärts, bis sie nach vieler Mühe und größerer Belastung dann plötzlich auf 310 Fuß hinabfuhr. Die große Belastung hatte aber die ganze Röhrentour zertrümmert und mußte sitzen bleiben. Das Herausschaffen des Gestänges währte zwei Monate. Hildebrandt schob deshalb in mehrjähriger Arbeit neben der zertrümmerten eine zweite eiserne Röhrentour von 8 Zoll Weite bis auf 317 Fuß nieder. Auf dieser Tiefe blieb ein Sandcylinder sitzen, und es war wegen des Aufsteigens des Triebsandes von unten her nicht möglich, ihn zu zertrümmern und herauszuschaffen, denn in der Zeit, daß ein 8 Fuß hoher Cylinder unten angefüllt heraus und wieder hineinkam, waren auch wieder 8 Fuß Sand eingetrieben, und eine zweijährige Anstrengung, die Röhren tiefer zu bringen, war und blieb vergebens. — Schließlich wurde ein massiver Brunnenkessel von 70 Fuß Tiefe hergestellt und eine Saugpumpe aufgesetzt, welche das aus 317 Fuß Tiefe aufsteigende Wasser zu Tage förderte. Sie steht noch heute. Die Erdschichten bestehen abwechselnd aus festem Thon und Sand, letzterer in verschieden grobem und feinem Korn. Der Brunnenbau verursachte 7—8000 Thlr. Kosten; von denen der Brunnenmeister die Hälfte einbüßte.

[112]) Es hat 17,170 Thlr. gekostet.

wurden zahlreiche wüste Plätze in der Stadt mit wohlgebauten Häusern besetzt. Die in früherer Zeit zwischen den Gebäuden 8—10 Fuß hervorragenden Dachrinnen, welche dem erstaunten Reisenden, der bei Regenwetter unsre Stadt passirte, links und rechts ihre Wasserfälle zusandten, verschwanden, und machten regelmäßigen an den Häusern hinabgeleiteten Metallröhren Platz. — Die katholische Pfarrkirche zur Kreuzerhöhung war so baufällig, daß der Einsturz des Daches drohte, und 10 Jahre hindurch der Gottesdienst in dem ehemaligen Dominikanerkloster gehalten werden mußte. Es wurde durch Vermittelung des Herrn Oberpräsidenten v. Schön ein Vertrag zu Stande gebracht, nach dem die katholische Gemeinde das Dominikanerkloster der evangelischen Gemeinde abtrat und von Sr. Majestät dem Könige Friedrich Wilhelm III. einen Beitrag zur Kirchenreparatur von 5000 Thlr. erhielt. Im Jahre 1839 begann der Reparaturbau. Das früher höhere Kirchendach wurde 15 Fuß flacher gelegt, der Thurm mehrere Fuß (die verwittert waren) neu aufgemauert, die Erkergiebel über den Fenstern neu hergestellt. Die Gewölbe bedurften keiner Verbesserung. Der Bau kostete gegen 10,000 Thaler und am 5. Dezbr. 1841 fand der erste Gottesdienst in der herrlichen Kirche wieder Statt[113]).

Einige Zeit später erhielt auch die evangelische Gemeinde, deren 1639 eingeweihte St. Georg-Kirche am hohen Thore höchst baufällig geworden war ein Gnadengeschenk des Königs[114]) und begann nun den Ausbau des ehemaligen Dominikaner-Klosters. Altar, Kanzel, Bänke und nächstdem die äußerste Thurmspitze, welche früher eine etwas andere Form gehabt hatte, wurden erneut. Am 8. Mai 1853 fand die Einweihung Statt.

Die Einwohnerzahl Dirschau's[115]), welche im Jahre 1825 nur 2097 betrug, stieg bis zum Jahre 1843 auf 3610, betrug 1846 schon 4158 und bei der Zählung 1858 endlich 5818 Seelen[116]).

Im Jahre 1845 begann der Riesenbau der Weichselbrücke, welcher den Namen unserer Stadt in die weiteste Ferne getragen hat. An die

---

[113]) Der katholische Kirchhof lag bis 1806 im Umkreise der Kirche und wurde dann vor's Mühlenthor verlegt, wo er sich noch heute befindet.

[114]) Das Gnadengeschenk des Königs betrug 3120 Thlr., die Gemeinde legte 2224 Thlr. zusammen, die Bestände der Kirchenkasse lieferten 1641 Thlr., das Material der alten Kirche 1000 Thlr., zusammen 7985 Thlr.

[115]) 1825: 791 Evangelische, 964 Katholiken, 6 Mennoniten, 366 Juden. 1843: 1549 Evangelische, 1642 Katholiken, 10 Mennoniten, 409 Juden. 1846: 1983 Evangelische, 1741 Katholiken, 19 Mennoniten, 415 Juden. 1858: 2964 Evangelische, 2375 Katholiken, 44 Mennoniten, 433 Juden.

[116]) Im Jahre 1846 wurde hier auch eine Buchdruckerei durch A. W. Kasemann gegründet, welche derselbe kurz vor Vollendung des Brückenbaus nach Danzig verlegte.

Spitze der Namen derer, welche dies Werk ins Leben riefen, muß nächst
Sr. Majestät dem Könige der des damaligen Finanzministers Flottwell
gestellt werden, welcher stets ein lebhaftes Interesse für unsere Provinz
an den Tag gelegt hat. Sein Nachfolger, der Minister von der Heydt hat
ihm später eine gleiche Theilnahme geschenkt. Nachdem Dirschau zum
Uebergangspunkte für die Ostbahn gewählt war, wurde anfangs beabsichtigt,
die Brücke von dem Hügel aus, auf welchem Klein=Zeisgendorf steht, über
die Weichsel zu führen. Auch sollte es eine Kettenbrücke mit fünf Oeff=
nungen werden. Wegen bessern Anschlusses an die Bahn nach Danzig
wählte der damalige Regierungsrath Lenze den unterhalb der Stadt
liegenden Uebergangspunkt. Auch dem hier Einheimischen ist es heute,
nach so wenigen Jahren, nicht leicht, auf der herrlichen Ebene des jetzigen
Bahnhofes in der Phantasie die alte Gegend wieder aufzubauen. Der
Mühlenkanal schlängelte sich eine Strecke weit von hohen Ufern umgeben
in mannigfacher Windung rechts vom jetzigen Wege nach Czatkau über den
heutigen Bahnhof. Dieser Weg selbst ist in der ersten Hälfte von der
Stadt aus viele Fuße hoch aufgefüllt, in der zweiten Hälfte 15 bis 20 Fuß ab=
getragen. Früher ging derselbe über die Brücke des Mühlenkanals, welche
unverändert geblieben ist, genau westlich über den jetzigen Einschnitt der
Danziger Bahn vom Werder nach Dirschau und bog erst vor dem jetzigen
tiefern Einschnitte der Danziger Chaussee zur Stadt ein. An der Stelle
des Daches der Reparaturwerkstatt neben der Danziger Eisenbahn schwang
eine Windmühle ihre Flügel, von deren Fuß hinab man in das wohl 30
Fuß tiefe Bett des Mühlenkanals schaute. Ein unebener Berg nahm die
Stelle des jetzigen prächtigen Bahnhofgebäudes ein. Das war der in den
Urkunden vorkommende Samaytenberg. Südlich vom jetzigen Bahnhofe
trieb der Mühlenkanal seit Winrichs Zeiten eine Mühle, in neuerer Zeit
auch einen Eisenhammer und da wo jetzt ein mächtiger Damm zur Brücke
führt, befand sich die Fortsetzung der Ebene, welche Poblitz genannt, zwischen
Stadt und Weichsel hinläuft.

Am 8. September 1845 wurde der erste Spatenstich zum Baue ge=
than und im folgenden Jahre die Ebene des Werkplatzes, das Commis=
sionshaus und die Ziegelei in Kniebau hergestellt, sowie die Maschinen=
Bau=Anstalt errichtet, welche im Mai 1847 in Betrieb kam.

Als im Jahre 1847 der vereinigte Landtag den für den Bau der
Ostbahn geforderten Geldbedarf nicht genehmigte, wurde der Bau sistirt
und unterblieb bis Ende 1849. Im Jahre 1850 wurde der eigentliche
Brückenbau begonnen und die Rammarbeit und Bétonschüttung am linken
Endpfeiler, sowie die Rammarbeiten am rechten Endpfeiler beendet.

1851 am 27. Juli fand die feierliche Grundsteinlegung durch Se. Majestät den König am diesseitigen Endpfeiler Statt. Der jetzt zur Brücke führende Damm war damals noch nicht geschüttet und man schritt auf Treppen zu der festlich geschmückten Ebene hinab, auf welcher sich zu beiden Seiten zwei mächtige Tribünen erhoben. Der König erschien Nachmittags mit großem Gefolge und nach feierlichen Gesängen und Anreden des Ministers von der Heydt und des Regierungs-Raths Lentze wurde auf einen eine Höhlung enthaltenden Stein, in welche Urkunden und Münzen gelegt waren, ein zweiter am Flaschenzuge hängender Granit vom Könige herabgelassen und vermauert[117]). Die Arbeiten schritten nun rasch vorwärts und sechs Jahre später am 12. Oktober 1857 ging der erste Zug über die Brücke[118]).

Unterdessen hatte der Bau der Ostbahn, insbesondere der mächtige Erdeinschnitt[119]) auf der Dirschau-Bromberger Strecke viele tausend

---

[117]) Der Grundstein befindet sich am Westende des unter dem Endpfeiler liegenden Gewölbes. — Am Tage nach der Grundsteinlegung am 28. Juli hatten wir hier eine totale Sonnenfinsterniß, welche der König auf Schloß Rutzau bei Danzig beobachtete.

[118]) 1851. Aufmauerung des linken Endpfeilers, Bétonschüttung des rechten Endpfeilers und theilweise Aufmauerung desselben. Rammung und Bétonschüttung des 2. Mittelpfeilers (von Dirschau gezählt) und ein Theil des Mauerwerks, Rammung des 5. Mittelpfeilers.

1852. Rammung des 1. und 3. Mittelpfeilers, Bétonschüttung des 1., 3. und 5 Mittelpfeilers. Ein Theil der Aufmauerung.

1853. Rammung und Bétonschüttung, sowie Aufmauerung des vierten Mittelpfeilers; Vollendung des Mauerwerks bis zum Eisenauflager an allen Pfeilern.

1854. Im Winter 1853—54 Abbinden des großen Gerüstes, 1854 Aufstellen des Gerüstes und Aufbringen eines Theiles des Eisenwerks.

1855. Fertige Aufstellung des Eisen-Oberbaues über die mittleren zwei Oeffnungen und Abbruch des Gerüstes.

1856. Aufstellung des Gerüstes in den beiden Stromöffnungen und Aufbringen des westlichen Drittheils des eisernen Oberbaues; so wie Aufmauern der Thürme auf den britten Mittelpfeiler.

1857. Aufstellung des Gerüstes in den beiden östlichen Oeffnungen und Aufbringung des eisernen Oberbaues, Aufmauern des westlichen Portales und der Thürme auf dem ersten und zweiten Mittelpfeiler. Eröffnung der Brücke für Eisenbahnzüge.

1858. Aufführung der Thürme auf dem vierten und fünften Mittelpfeiler, so wie des östlichen Portals.

1859. Aufstellung des Reliefs im östlichen Portal, von Schievelbein in Berlin modellirt, bei March in Charlottenburg gebrannt.

[119]) Folgende Gegenstände wurden bei den Erdarbeiten gefunden und befinden sich im Museum zu Danzig: 1) 3 Urnen, Knochenstücke enthaltend; 2) Ein kleiner Celt (Art Bolzen zum Schleudern); 3) Ein etwas gebogener Ring, bestehend aus einem gekrümmten

Hände in Thätigkeit gesetzt, und am 19. Juli 1852 langte die erste Locomotive von Bromberg kommend in unserer Stadt an, um von hier nach Danzig weiter zu gehen.

Beschreibung der Weichselbrücke.

Behufs Verengung des Inundations-Profils der Weichsel an der Stelle der Brücken war schon früher der Damm vom Dirschauer Fährkruge bis Liessau verlegt worden.

Von den 6 Brückenöffnungen hat jede eine Weite von 386 Fuß, so daß sie zusammen eine Ausdehnung von 2316 Fuß erreichen.

Dazu kommt die Strecke der fünf Mittelpfeiler von je 31 Fuß, mit zusammen 155 Fuß, so wie die Stärke der zwei Endpfeiler von je $98\frac{1}{2}$ Fuß, mit zusammen 197 Fuß, so daß die Länge der ganzen Brücke sich auf 2668 Fuß beläuft.

Die Basis der Mittelpfeiler ist 10 Fuß unter dem Nullpunkte des Dirschauer Pegels auf reinem Sandboden angelegt. Sie nimmt eine Fläche von 4444 Quadratfuß ein, ruht auf 257 Grundpfählen und ist von einer Pfahlwand in Form eines länglichen Sechsecks eingefaßt, welche aus dicht neben einander und möglichst tief eingetriebenen 1 Fuß starken Pfählen besteht und zum Schutz gegen das Abspülen des Grundes mit einer Vorlage von $1\frac{1}{2}$ tausend Schachtruthen Steinblöcke von 1 bis 3 Kubikfuß Inhalt umgeben ist. Gleiche Befestigungsmittel sind auch bei den nach der Landseite 4 bis 6 Fuß weniger tief gegründeten Endpfeilern angewandt worden, doch ist die Basis derselben wegen ihrer größeren Ausdehnung von 9834 Quadratfuß nicht auf Grundpfähle gelegt.

Der Fuß sämmtlicher Pfeiler ist aus 10 Fuß dicker Gußmauer (Béton) gebildet, welcher an den Boden wie an die Pfahlwände sich genau anschließt und im Wasser zu einer dichten und festen Steinmasse verhärtet ist. Auf dieser erhebt sich das von Klinkerziegeln in hydraulischem Mörtel ausgeführte Mauerwerk, welches außerhalb, soweit es mit dem Wasser in Berührung kommt, mit Haustein bekleidet ist, die an den, dem stärksten Angriffe des Stromes ausgesetzten Theilen aus Granit und Basalt-Lava, an den andern Theilen aus hartem Sandstein bestehen. Die Mittel-

---

im Innern hohlen Cylinder aus Bronze; 4) Eine bronzene Lanzenspitze; 5) Ein Celt, nicht ganz vollständig; 6) Ein gebogener Bronzestab, an einem Ende mit einem Oehr. 7) Ein kleiner gebogener Bronzestab mit 2 Oehren; 8) Ein Ring von Bronze und zwei Fragmente von einem andern. 9) Ein gewundener Bronzering. — Ich bemerke, daß heidnische Urnen auch früher bei Dirschau gefunden sind, z. B. 10 Stück im Jahre 1711. Löschin, Geschichte Danzigs I.

pfeiler sind massiv, die 72 Fuß breiten Endpfeiler aber schließen stark überwölbte Räume ein, welche zu Geschützständen für die Vertheidigung der Brücke bestimmt sind.

Der Ueberbau der Brücke, welcher in einer Höhe von 12 Fuß über dem höchsten Wasserstande beginnt, ist aus geschmiedetem und gewalztem Eisen construirt, das durch heiß eingetriebene und vernietete Bolzen verbunden ist. Er besteht wesentlich aus zwei parellelen, 21 Fuß von einander entferten Trägern in Gestalt von 37 Fuß hohen durchbrochenen Wänden, welche der Länge nach drei gesonderte Abtheilungen von je 830 Fuß bilden, so daß jeder derselben in einem Ganzen über zwei Brückenöffnungen reicht, mithin auf drei Pfeilern ruht. Die Haupttragfähigkeit dieser Wände beruht in ihren obern und untern aus Eisenplatten zellenartig construirten Rahmen, welche oben 6, unten 4 Fuß hoch durch das dazwischen befindliche Gitterwerk unveränderlich gehalten werden; ihre nach der Mitte der Träger hin bedeutend zunehmende Stärke ist so bemessen, daß der Quadratzoll des Querdurchschnitts bei unbelasteter Brücke nicht mehr als 7500 Pfund, bei stärkster Belastung derselben (mit 2128 Pfund für den Fuß der Länge) nicht mehr als 10,000 Pfund zu tragen hat, und die Zunahme der Durchbiegung nur 6/9 Zoll beträgt.

Die Gitterwände sind aus Stäben von 37 Fuß 5 Zoll Länge und verschiedener Stärke gebildet, welche 4 bis 5 Zoll breit und 1/2 bis 1 Zoll dick sich unter rechten Winkeln von 2 zu 2 Fuß der Gitter-Länge und Höhe kreuzen, und mit ihren Enden oben und unten an den vertikalen Platten der Rahmen befestigt sind. Außerdem sind diese Wände nach ihren Enden hin alle 6 Fuß, nach dem mittleren Auflager hin alle 3 Fuß zu beiden Seiten mit 4 und 5¼ Zoll breiten L förmigen Stäben von 27 Fuß Länge gegürtet, welche vertikal gestellt, ebenfalls an beide Rahmen sich anschließen. Eine noch größere Versteifung ist diesen Wänden durch Querplatten gegeben, welche auf deren Außenseiten an 9 über dem mittleren und an 4 über jedem Endauflager befindlichen Vertikalstäben befestigt und an ihren Enden mit beiden Rahmen verbunden sind, nach deren Vorsprung ihre Breite bemessen ist. An den äußern Rand dieser Querplatten schließt sich mit dem Hauptgitter parellel, ein zweites aus Stäben konstruirtes Gitter an, wodurch die ganze Wand an den Enden und namentlich in der Mitte ihrer Längen-Ausdehnung drei vertikale Hauptstützen für die beiden horizontalen Rahmen gewinnt.

Die also aus Rahmen und Gitterwerk konstruirten vertikal stehenden Hauptträger der Brücke sind horizontal oben und unten mit einander verbunden. Ihre obere Verbindung ist durch 53 Quergitter bewirkt, welche in den oberen Rahmen alle 18 Fuß der Brückenlänge, in der Mitte und den Enden aber in kürzeren Distanzen angebracht sind. Zwischen den Enden dieser Quergitter und die oberen Rahmen sind zwei horizontale Gitter eingespannt, so daß dadurch den Gitterwänden auch gegen seitliches Ausweichen die erforderliche Widerstandsfähigkeit gegeben ist.

Die untere Verbindung der Hauptträger ist durch die 4 Fuß hohen, gleichfalls gitterförmigen Träger der Fahrbahn, welche je 6 Fuß von einander entfernt sind, und durch horizontale Gitter gebildet, deren Stäbe zwischen die untern Horizontalen der untern Rahmen gespannt sind und von jedem Ende der Querträger nach dem gegenüberstehenden des nächst dritten reichen.

Wie die Träger der Fahrbahn innerhalb, so schließen die Träger der Fußwege außerhalb der Gitterwände an deren untern Rahmen sich an und bilden dann zugleich die Querverbindungen.

Jede der drei Längenabtheilungen des eisernen Ueberbaues, welcher gegen Rost durch zweimaligen Anstrich mit Mennige-Farbe geschützt ist, ruht unverschieblich nur auf ihrem mittleren Auflager, mithin auf der Mitte des 1ten, 3ten und 5ten Mittelpfeilers, alle andern Punkte der mittlern und der End-Auflager sind auf Rollen gelegt, welche sich zwischen geebneten, gußeisernen Platten bewegen; die Verbindung zwischen den End-Auflagern oben sind durch eiserne, um Bolzen bewegliche Bänder gebildet, sodaß der Längenveränderung des Ueberbaues die gebührende Rechnung getragen ist.

Die seitliche Haltung desselben auf den Brückenpfeilern ist durch die im gothischen Stil erbauten Brückenthürme gesichert, welche bis auf einen geringen Spielraum für die Ausdehnung des Eisenwerkes bei erhöheter Lufttemperatur an dieses sich anschließen, dasselbe aber um 40 Fuß überragen. Die Thürme sind übereinstimmend mit der Gestalt der Pfeiler-Vorköpfe auf den Mittelpfeilern rund, auf den Eckpfeilern viereckig, von Klinkerziegeln aus Kniebau aufgeführt, mit Zinnen gekrönt und mit Hausteinen abgedeckt. Die 3 Fuß breiten, an den Gitterwänden außerhalb hinlaufenden Fußwege sind auf den Pfeilern um diese herum geführt und daselbst mit steinernen Gesimsen eingefaßt. An die viereckigen Thürme der Endpfeiler, welche die mit Reliefs von 20 Fuß Breite und 12 Fuß Höhe geschmückten Portale der Brücke bilden, schließen sich crenelirte Mauern an, welche den landseitigen Theil dieser Pfeilergebäude umgeben und in zwei thurmartigen Aussprüngen endigend, zur Vertheidigung der Brückeneingänge bestimmt sind.

Die auf den horizontalen Querträgern ruhende, durch Langschwellen gebildete Fahrbahn führt in der Mitte das Eisenbahngeleise, dessen Zwischenraum mit wellenförmigem Eisenblech bedeckt ist und von jeder Seite eine mit Bohlen belegte einspurige Bahn für das Fuhrwerk. Dieses erreicht die Brücke am linken Weichsel-Ufer an der Südseite des Bahnhofs und geht am rechten Ufer auf einer Rampe von $1/27$ Fall den Bahndamm hinab. Das aus dem Werder kommende Fuhrwerk fährt den Bahndamm auf einer gleichen Rampe an der Nordseite hinauf und verfolgt diese längs des Bahnhofes.

Die Brücke wird während der Dunkelheit mit Gas erleuchtet. Für das Ausheben und Einsetzen der Masten der Kähne sind aufwärts und abwärts der Brücke Krahne angebracht [120].

Das großartige Bahnhofsgebäude, im gothischen Stil erbaut, wurde seit 1857 benutzt, 1858 vollendet. Eine geschmackvolle Parkanlage umgiebt den Bahnhof.

So sahen wir auf unsern ehemaligen Spaziergängen ein gigantisches Werk rasch empor steigen, das alle Wunderwerke der alten Welt weit überragt, und auch neben den größten Schöpfungen der neuern Zeit, einen der

---

[120] Die Brücke enthält an Baumaterialien: 1) 13,410,869 Ziegel, kleines Format, 299,000 Ziegel, mittleres Format, 149,800 Ziegel-Formsteine, 1,092,000 Blendsteine, zusammen 14,951,669 Stück Ziegelmauersteine; 2) 6381 Schachtruthen Ziegelmauerwerk, 29 Schachtruthen Formabdeckungssteine zu den Thürmen aus der March'schen Fabrik zu Charlottenburg, 1300 Schachtruthen Hausteine, zusammen 7710 Schachtruthen Mauerwerk; 3) 3500 Schachtruthen Béton zu den Pfeilergründungen; 4) 6500 Schachtruthen große Feldsteine zu den Pfeilervorlagen gegen Unterspülung; 5) 1335 Stück Rostpfähle zu den fünf Mittelpfeilern zur Verdichtung des Baugrundes. Die Endpfeiler haben keine Roste. 6) 2000 Stück Pfähle zu den Ringwänden der Pfeiler, 50 Fuß lang, 12″ □ stark, mit Dampframmen eingetrieben; 7) 14 Millionen Pfund Schmiedeeisen, darunter 1¼ Million Nieten. Sämmtliches Eisen würde eine Vollkugel von 37 Fuß Durchmesser geben; 8) 5 Schachtruthen Mennigfarbe. Der Flächenraum beträgt im Anstrich etwa 27 Morgen. — Für den Bau wurde noch errichtet: 1) Die Maschinenbauanstalt bei Dirschau; 2) Die Ziegelei in Knieau; 3) Die Mörtelmühle und Cementbrennöfen zur Bereitung des Mörtels und Bétons; 4) Eine geneigte Ebene mit Wasserkraft, Ladebrücke, Krahn u. s. w. zum Transport, Abladen u. Ablagern von Materialien; 5) Eine Kieswäsche, durch dieselbe Wasserkraft in Thätigkeit gesetzt; 6) 3 Dampframmen, deren jede in einem Tage 12—20 Pfähle, 50 Fuß lang, 12″ □ stark, aufstellte und 25 Fuß in den Boden eintrieb. 7) Zwei Dampfbagger, von denen jeder im Maximum 60—80 Schachtruthen im Tage förderst; 8) Drei Handbagger, jeder 10 Schachtruthen am Tage fördernd; 9) Ein Gerüst zum Aufbringen des eisernen Oberbaues, 840′ lang, 62′ breit, 70′ über Wasser hoch, mit 8 Schienengeleisen, 12 Laufkrähnen auf 70 Fuß über Wasser, von denen jeder 200 Centner heben und verfahren konnte, darin 250,000 Kubikfuß Holz, 7000 Stück Schraubenholz, 6720 Fuß Schienengeleise, 300 Stück Trage-Pfähle. Die Brücke hat gegen 4,000,000 Thlr. gekostet.

hervorragendsten Plätze einnimmt. Wird auch die Nachwelt es stets mit Bewunderung anschauen, so ist doch uns Mitlebenden allein der größere Genuß geworden es entstehen zu sehen.

Ein anderer unschätzbarer Gewinn für uns war es aber, daß der Bau eine große Zahl bedeutender Männer in unsere Nähe führte, welche an dem Werke arbeiteten. Ihre Namen werden auch von den kommenden Geschlechtern mit Verehrung aufbewahrt werden. Der Geheime Ober-Baurath Lentze war der Leiter des ganzen Baues und von ihm rührt der Plan des Werkes. Sein Verdienst war es insbesondere auch, daß er es verstand, eine so große Zahl ausgezeichneter Kräfte um sich zu sammeln. Die Regierungsräthe Pfeffer und Hüllmann standen nacheinander als rechtsverständige Verwaltungsbeamte ihm zur Seite. Der Ingenieur Schinz[121]) hat sehr erhebliche Verdienste um den Oberbau von Eisen. Von ihm rühren die tiefen Berechnungen, welche diesem Bau zu Grunde liegen. Auch hatte er die Kurve bestimmt, welche nach Wegnahme des Gerüstes die Brücke annehmen würde. Da trat der tragische Fall ein, daß er in der Nacht zum 8. Oktober 1855 plötzlich am Schlagflusse starb[122]). Wenige Tage später schwebte die Brücke frei von Pfeiler zu Pfeiler genau in der Linie, die Schinz vorher bestimmt hatte. Ein Denkmal von polirtem Granit, das die Königliche Regierung in diesen Tagen aufrichten läßt, bezeichnet sein Grab auf dem evangelischen Kirchhofe.

Der Direktor der Maschinen-Bauanstalt H. W. Krüger, den wir noch heute zu den Unsern zählen, führte, nachdem er jene Anstalt ins Leben gerufen, die sämmtlichen für die Brücke erforderlichen großen Eisenarbeiten mit Einschluß der Maschinen aus, wobei der Werkmeister Frank ihm zur Seite stand. Bau-Inspektor Schwahn (jetzt Direktor der Meklenburger Eisenbahn) war der ausführende Baumeister des Platzes. Baumeister Hartmann leitete die Ziegel- und Cementfabrikation. Maurermeister F. W. Krüger besorgte die sämmtlichen Maurerarbeiten, Zimmermeister Welckert die Ramm- und Rüstarbeiten. Außerdem haben viele ausgezeichnete jüngere Männer dem Werke ihre volle Thätigkeit gewidmet. Die Einweihung der Brücke sollte im Herbste 1857 Statt finden, als die schwere Krankheit Sr. Majestät des Königs dazwischen trat.

Die erste Besichtigung des großen Werkes durch einen Herrscher

---

[121]) Die Biographie von Rudolph Eduard Schinz siehe: Unsere Zeit. Jahrbuch zum Conversations-Lexikon von Brockhaus. Heft 38, 39. Leipzig 1860.
[122]) Schinz starb in seiner Wohnung im Hause No. 37. Er war 1813 in Zürich in der Schweiz geboren, mithin erst 42 Jahre alt.

Preußens fand am 3. Juni d. J. Statt¹²³), als Ihre Königlichen Hoheiten der Prinz-Regent und dessen erhabener Sohn Prinz Friedrich Wilhelm zur Eröffnung der Eydtkuhner Bahn unsern Ort passirten. Die hohen Fürsten wurden von den Kreisen des Regierungsbezirk Danzig auf unserm Bahnhofe Vormittags mit einem Festmahle bewirthet, und nahmen dann, nachdem sie vor dem Portale von Jungfrauen unserer Stadt mit Blumenkränzen und einem Festgruße bewillkommt worden, die Brücke sowohl seitlich, als indem sie dieselbe zu Fuß überschritten, in ihrem innern Baue in Augenschein.

Mit der Erinnerung an dies schöne Fest, das wir vor wenigen Wochen erlebten, schließen wir die historischen Denkwürdigkeiten unserer Stadt.

Vergleichen wir die Schicksale der früheren Zeiten mit der Gegenwart, jene blutigen Scenen von Brand, Mord und Krieg mit dem schönen Frieden, welchen wir fast ein halbes Jahrhundert hindurch genossen haben, so drängt sich unsrer Seele ein tiefes Dankgefühl gegen Gott auf, der uns ein so gesegnetes, glückliches Zeitalter erleben ließ, der uns ein Herrschergeschlecht gab, das mit mächtigem Arme den Boden schützt, um welchen sonst so oft feindliche Mächte auf Tod und Leben kämpften. Machen wir uns dessen durch innige Anhänglichkeit an König und Vaterland, durch edlen Bürgersinn, allseitige Berufstreue, Friede und Eintracht unter einander würdig.

Nicht die Zahl der Häuser und Einwohner, sondern der edle Geist der Bürgerschaft, die Achtung vor allem Sittlichen, Treue, Wahrheit, Freiheits- und Vaterlandsliebe machen die Städte groß, und daß Dirschau in diesem Sinne groß werde, das gebe Gott!

Wenn aber die kommenden Jahrhunderte ihre Denkwürdigkeiten erzählen, dann mögen sie nur Glück, Freude und Friede melden.

¹²³) Danziger Zeitung 1860 No. 617.

Beilage I.

Die Fürsten in Ober-Pommern.

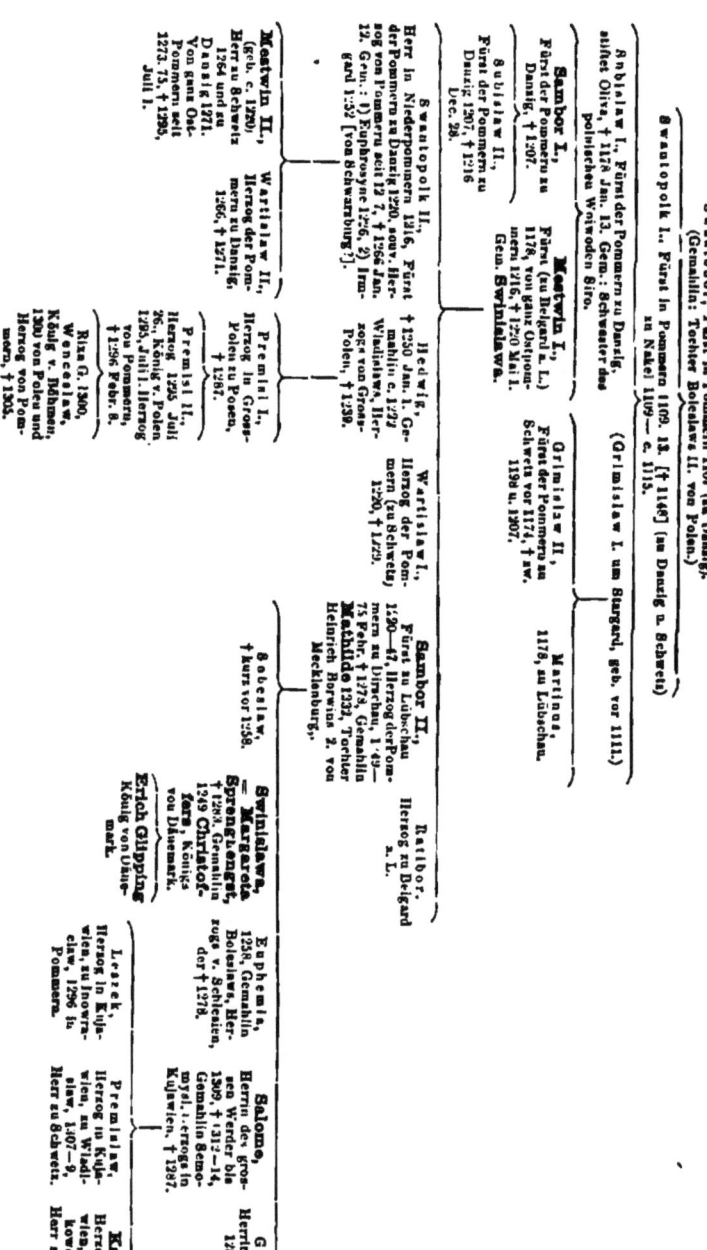

Beilage II.

Fundationsprivilegium der Stadt Dirschau von Sambor, Herzog von Pommern, vom Jahre 1260.

In nomine patris et filii et spiritus sancti Amen. Sicut preterita que olim fuerunt scire non possumus. Sic nec eorum quidem que futura sunt erit recordatio in novissimo quia labente tempore transeunt et temporis actiones. que tamen perbennari poterunt si recipiant a uoce testium aut scripti memoria firmamentum. Nos igitur Samburius dei gratia dux pomeranie nolentes ea que per nos fiunt inuiolabiliter imperpetuum conseruari. de consensu et bona uoluntate uxoris nostre. necnon puerorum nostrorum baronumque consilio. ciuitatem in Dersowe locauimus. eidem ius Lubecense per omnia concedentes. in ea nobis et nostris successoribus iustis heredibus retinendo dominium quemadmodum nostri consimiles suis in ciuitatibus dominantur. Dedimus itaque predicte ciuitati cum omni utilitate prata libera. longitudo quorum ab australi superiori parte ciuitatis pretenditur penes Wizlam inferius mensurando donec octoginta duorum funium numerus impleatur. A. Wizla deinde versus spancowam directius procedendo uiginti septem funiculis extenditur latitudo. Excipientes hoc quod a metis supradictis usque ad lacum modicum qui Jesnicz dicitur omnium hominum uicinorum peregrinorum et hospitum usibus spacium sit commune. Preterea contulimus antedicte ciuitati ad pascua pecorum eadem libertate cum omnimoda utilitate sicut de pratis prediximus nonaginta funes in longitudine. que longitudo de ortorum continio ciuitatis sumit originem ad occidentem incedendo. donec ipsius longitudinis iam dicti funiculi suppleantur. Porro de metis quas in uia de tszadelin signauimus uersus aquilonem reliquos. nonaginta funes retinet latitudo. et in de secundum quod metas possuimus ad ciuitatem iterando secunde longitudinis funiculi distinguntur. Damus insuper Wizlam ad utilitatem piscandi liberam. a finibus Gordin et pnebabowe in descensum usque ad locum ubi prata ciuitatis inferius terminantur. Si autem infra libertates istas aliquod genus metalli inuentum fuerit in hoc uolumus absque contradictione dominari. Si quis eciam in hiis libertatibus excesserit ita sicut in ciuitate delinqueret iudicetur. de cuius iudicio recipimus terciam portionem. De censu nauli et molendinorum que in Wizla sunt uel construentur amplius infra prenominatos terminos cum ciuitatis libertas exspirauerit duas partes accipimus ciuitas terciam. Sed nobis monetam totaliter cum theloneo reseruamus. Si uero falsitas aliqua discernitur in moneta uel uicium eam sculteto committimus et consulibus examinare. De molendinis antedictis et naulo sine nobis non debent consules nec nos absque ipsorum consilio uolumus aliquid ordinare. Preterea ciues eiusdem loci cum omnibus in eadem libertate commerantibus ab omni theloneo nunc et in perpetuum mittimus penitus in nostro dominio liberos et solutos. Admittimus itaque propter forum comodum pro ignorata uel obscura sentencia querant consilium elbigense. Hinc consules prefati spoponderunt nobis uoluntarii terciam partem de culpa dare que uorsatunge apud theutunicos appellatur. Item nolumus quod per se sine nobis institutiones nouas faciant per quas nobis preiudicium uel terre nostre penuria oriatur et grauamen. In recognitionem uero dominii queuis area ciuitatis nobis annuatim sex denarios soluet dersouienses exspirata libertate. Nullus itaque ciuium alicui religioso curiam uel domum suam infra munitionem sitam uendere siue dare poterit absque nostra licentia et totius eiusdem ciuitatis uoluntate. Ut autem hec robur obtineant perpetuum presentem paginam nostri sigilli et uxoris nostre munimine fecimus roborari. Acta sunt hec in castro nostro Dersowe Anno gratie MCCLX. Huius rei testes sunt hii sacerdotes Dominus Heinricus de mynda ordinis cysterciensis. dominus Johannes plebanus dersouiensis. Dominus abraham cappellanus curie. Milites Johannes de witten Heinricus de bruns. Burgenses. Heinricus Scilder. Johannes de brunswich.

Beilage III.

**Der Herzog Wladislav von Polen und Pommern verleiht der Stadt Dirschau eine Badstube und einen Berg zu ihrem Gebrauch.
Datum Danzig im Jahre 1299.**

In nomine Domini Amen. Multis incomodis prudenter occurrimus cum ea que etatis tempore peraguntur testibus et literis memoriter confirmamus. Inde est quod nos Wladislaus dei gracia dux Regni Polonie Pomoranie Cuyanie Lanzicie ac Syradie omnibus presentibus et futuris presencia audituris facimus esse notum quod ob reformacionem Ciuitatis nostre in Dirsouia. damus et concedimus Ciuibus eiusdem ciuitatis et eorum quibuslibet Successoribus perpetue Stubam balnearem liberam possidendam. Ita quod ex censu ab eodem balneo proueniente vtilitates communitatis eiusdem Ciuitatis informent secundum quod ipsis vtilius videbitur expedire. Damus eciam ipsis Montem adiacentem Ciuitati iam prefate vsque ad vallem maiorem in quo quaslibet vtilitates quas excogitare poterunt pro communibus vsibus vniuersitatis Ciuium eis liceat libere censtruere et edificare. In cuius rei evidenciam pleniorem presens priuilegium conscribi fecimus et nostri Sigilli munimine consingniri. Acta sunt hec in Gdansk presentibus hiis. domino Petro filio Comitis Swence. preposito Kalisiensi. Comite Mathya judice Cuyanie. Comite Bogusa iudice Pomoranie et aliis quam pluribus fide dingnis. datum ibidem Gedansk feria quarta proxima post conductum pasce per manus Pauli Clerici Curie nostre. Anno domini Mo. CCo. nonagesimo nono.

Uebersetzung.

Im Namen des Herrn, Amen! Wir begegnen nach unserer Fürsorge vielen Nachtheilen, indem wir dasjenige, was zur Zeit verhandelt wird, vor Zeugen und in Schrift für die Nachwelt bestätigen. Daher machen wir Wladislaus von Gottes Gnaden, Herzog des Reiches Polen, Pommern, Cujavien, Landzicien und Syrabien, allen Anwesenden und denen die zukünftig Gegenwärtiges hören werden, bekannt, daß wir wegen der Verbesserung unserer Stadt in Dirschau den Bürgern dieser Stadt und allen ihren Nachfolgern für ewige Zeiten eine Badstube zum freien Besitz gegeben haben; in der Weise, daß aus dem Einkommen, welches dies Bad bringt, ein Nutzen für die Commune dieser Stadt sich bilde, wie ihn sich zu verschaffen ihnen nützlich erscheinen wird. Ferner verleihen wir ihnen den Berg, welcher an die bereits vorgenannte Stadt stößt, bis zum größeren Thale, auf welchem jedes beliebig und erdenkliche Nützliche zur allgemeinen Verwendung der Bürger der Stadt ungehindert anzulegen und zu errichten ihnen frei stehen soll. Zu mehrer Deutlichkeit dieser Angelegenheit haben wir gegenwärtiges Privilegium niederschreiben, und zur Sicherheit mit unserm Insiegel versehen lassen. So geschehen in Danzig in Gegenwart des Herrn Peter, Sohn des Grafen Swence, des Commandanten Kalifinsti, des Grafen Mathias, Richter von Cujavien, des Grafen Bogosa, Richter von Pommern, und andern besonders Glaubwürdigen. Gegeben ebendaselbst in Danzig am ersten Mittwoch nach Empfange des heiligen Abendmahls zu Ostern, durch unsern Hofgeistlichen Paulus, im Jahre des Herrn 1299.

Beilage IV.

Erklärung des Bürgermeisters und der Stadtgemeine zu Dirschau nach Pfingsten aus der Stadt auswandern zu wollen. Datum feria proxima V. post festum purificat. Marine 1309.

Nos Magister Consulum Consules ac Vniuersitatas Opidanorum In Dirsouia Constare cupimus vniuersis et presentibus publice protestamur Cum propter dampna grauia et iniurias plurimas que religiosis et honorabilibus dominis Magistro et fratribus ordinis sacre domus theutunice In pruscya in illa dampnosa et miserabili discordia que inter eos et nos heu longo tempore perdurauit Dinoscitur intulisse omnes facultates rerum et possessionum nostrarum ad satisfactionem debitam non sufficiant quoquo modo. Auctoritate igitur presencium et fide data nos vniuersaliter constringimus quod immediate post festum penthecostes hoc anno futurum de opido Dirsouie communiter recedemus nullo vnquam tempore intencione morandi in eis ad dictum opidum vel terram pomeranie redituri. Nisi de dictorum Magistri et fratrum gracia et licentia speciali. Ita tamen quod ad prouincias alias et dictorum fratrum terminos Ciuitates, villas, et opida nobis sit liberum nos transferre. In cuius facti euidenciam et roboris firmitatem presens scriptum venerabilium virorum dominorum abatum videlicet de Olyua et de polplyn Sigillis et nostro sigillo proprio fecimus presignari. Nos uero abates prefati ad peticionem vniuersitatis predicte Sigilla nostra apponi fecimus presenti carte In testimonium omnium premissorum. Datum anno domini Mo. Trecentessimo Nono Proxima quinta feria post festum purificacionis marie virginis Gloriose.

Uebersetzung.

Wir Bürgermeister, Rath, und die gesammte Bürgerschaft Dirschaus wollen hiermit kund geben, und erklären vor allen Anwesenden öffentlich: da, wegen schwerer Verluste und sehr vieler Beleidigungen, welche den ehrwürdigen Herren, dem Meister und den Brüdern des heiligen deutschen Ordenshauses in Preußen, in jener verderblichen und beklagenswerthen Zwietracht, welche zwischen ihnen und uns leider lange gedauert, sich es deutlich herausstellt, daß es in keiner Weise zur sattsamen Genugthuung hinreiche unser Vermögen und unser Besitzthum geopfert zu haben; so verpflichten wir uns durch Vorliegendes und durch unser Ehrenwort gemeinschaftlich, sogleich nach dem kommenden Pfingstfeste dieses Jahres sämmtlich aus der Stadt Dirschau fortzuziehen, mit dem Vorhaben nicht ferner daselbst zu bleiben, noch zur besagten Stadt oder auf Pommerschen Boden zurückkehren zu wollen; es sei denn im Einverständniß und mit ausdrücklicher Bewilligung vorgenannten Meisters und der Brüder, in der Weise jedoch, daß es uns freistehe hinüberzusiedeln nach andern Provinzen, sowohl nach angrenzenden Districten genannter Ordensbrüder, so wie Dörfern und Städten. Zur Urkunde dessen und zur größeren Sicherheit haben wir gegenwärtige schriftliche Erklärung mit den Siegeln der ehrwürdigen Herren Aebte, und zwar von Oliva und Pelplin, so wie mit unserm eigenen Siegel versehen lassen.

Wir vorgenannten Aebte haben aber noch auf das Ansuchen genannter Commune, dieser gegenwärtigen Schrift unsere Siegel, zur Beglaubigung alles Vorangeschickten, anhaften lassen.

Gegeben im Jahre des Herrn 1309 am ersten Donnerstage nach dem Feste Mariä Lichtmeß.

Beilage V.

Vögte zu Dirschau.

1) Henrich von Richtsteten, um 1328.
2) Bernhard von Elben, 1357 Mittw. nach Martini bis 1361 Sonntag nach Barnabä.
3) Erwin von Krustel von 1370 bis 1376.

4) Albrecht von Luchtenberg, 1376 Marci, stirbt 1381.
5) Adolf von Birmhnne (Barchmin), 1381 Mariä Empfängniß, bis 1384, nach Roghausen versetzt.
6) Erwin von Kruftel erhält das Amt zurück 1384 Thomä bis 1392, kömmt gleichfalls nach Roghausen.
7) Friedrich von Wallenrode, 1392 heil. 3 Könige Abend, wird 1393 Comthur von Rhein.
8) Johann von Schönefeld, 1393 Mittwoch nach Viti und Modesti bis 1396, ist 1397 Comthur von Osterode.
9) Friedrich Graf von Zollern, 1396 Phil. und Jacobi, wird 1402 Comthur von Ragnit.
10) Matthis von Bebern (Bibern, Bibra), 1402 Abend Auffahrt Christi, bleibt 1410 bei Tannenberg.
11) von Quernfurt 1411—1413.
12) Niclas Bergau von 1413 bis 1415.
13) Peter von Lorch 1415 All. Heilig. bis 1416, zugleich Voigt von Roghausen.
14) Walther von Merheim, von 1416 Dienstag nach Empfängn. Mariä bis 1418 August, zum Treßleramte berufen.
15) Heinrich vom Rabe, 1418 Mittwoch vor Egidi, stirbt 1420 im Juni.

Beilage VI.

Verleihungs-Urkunde von Schliven vom Hochmeister Werner von Orzele 1328.

In Gottes Nahmen Amen: Wendte Menschlichen werden, die mit Unterschebligkeit sind umbgeben, viel mancherley Verdrießligkeit pflegen wiederfahren: So ist es nötig, den Dingen die würdig sind Ewiges Gedächtnüß, durch ihrer steter Festigkeit ein wahrhafftig Zeugniß mit Offenbahrung der Schrifte, durch Sicherheit meßllen zu setzen: Darumb sey wißentlich allen, die Kundtschafft dieser gegenwertigen Dinge werden haben, daß Wir Brüder Werner von Orsela der Brüdern des Ordens des Hospitals Sanctä Mariä des deutschens von Jerusalem, Hohe Meister mit unser Brüder Heylsamen Rathe in Vollbort haben gegeben, unsern getreuen Bürgern der Stadt Dirschau das Dorff Schliven genandt, daß Sie von Uns mit rechtfertigem Kauff u. mit rechtlicher Zahlung, Ihn und Ihren Nachkömmlingen zu erblichem Rechte haben gezeuget, mit den Grentzen, die hirunten geschrieben, stehen frey zu Colmischem Rechte ewiglich zu besitzen, mit allen Zubehörungen und allen Nützungen, die in der vorgenandten Stadt, und Ihren Einwohnern gehören, durch der Güter willen des vorgenandten Dorffes, also daß Sie darumb keinen Zinß oder Jährliche Bezahlung, oder Dienste Uns und Unsern Brüdern, sonderlich pflichtig seyn zu geben, allein ausgenommen, daß Wir sie der Behaltung der Güter des vorbenahmten Dorffes unserm Dirschauschen Hofe vollkommenheit Holtzes durch unser Brüder Nothburfft und Gebrauchung Willen behalten: Dies sind die Grentze der Güter des vorbenahmten Dorffes: Die erste Hauptgrentze ist an eine Büche geschüttt bey dem Wege am Ende der Güter der Stadt Dirschau, von dannen gerichts zu gaende an eine gezeichnete Eichen, bey einem kleinen Bruche, von dannen vorbaß zu gehende auf zwo gezeichnete Eichen bey dem Wege, der da gehet von Czedlin gegen Schliewen, in den Grentzen, was zur linden Handt liegt, daß gehört gegen Czedlin, und was zur rechten Handt ist gelegen, daß sol gegen Schliewen gehören. Vorbaß von den zweyen Eichen den Weg auf zugehende biß zu der geschueten Haupt-Grentze, bei dem Wege, u. der Grentze scheidet diese drey Güter: Czedlin, Gnischau u. Schliewen, von dannen mitten durchs Bruch zugehende auf eine gezeichnete Fichten, zwischen zween Brücheren daselbst, was zur rechten Handt ist, gehört zu Schlieven, was zu der linden Hand leit, daß sol Gnischaw zu gehören, von dannen mitten durch das Bruch zugehende aus den Thal, in einem Thal durch das Bruch auf die Grentze in eine Linde geschuet, von dannen auf zwo Büchen zugehende bey einer Birden, und eine von den Eichen ist gezeichnet, von den zweyen Eichen nur aber zugehende auf eine andere beschuete u. gezeichnete Eichen, da sich die Güter Gnieschaw enden u. die Güter Warzewir anheben, von dar auf eine gezeichnete Fichte da eine Bruke ist angehauen, u. vorbaß gehende auf eine gezeichnete Eiche am Wege, von dannen durch das Bruche auf das Schwartze umbschuete Klotz, von dem Klotze gericht zugehende, durch ein Theil des Platzes oder Feldes Dobroßley auf eine gezeichnete beschuete Eiche, von dannen gericht über den Berg biß auf eine Eiche, die stehet in dem Thal, da der Mönche von der Oliva Grentzen seyn gezeichnet, von da in dem Thal zugehende auf einen großen Stein, von dannen zu dem Fließ Spangaw, und durch das Fließ nieder zugehende, biß in der geschueten Grentze bei der Grentze Martini von Rokitle, von dar in dem Grunde auf zugehende, zu einem beschuetten Palmbaum, und vorbaß zu einer gezeichneten Eiche, von der Eiche zu einem großen Stein an dem Wege, von dannen durch andere beschuette Grentzen zugehende auf eine Grentze mit zween Hauffen beschuet, von dar zu einer beschuetten Grentze an dem Wege, den man gehet von Rokitle zu Schliewen, daselbst, was zwischen den Grentzen zu der rechten Handt leit, daß gehöret gegen Schliewen, was zur linken Handt ist gelegen, daßelbe sol gegen Rokitle gebühren, von dannen gehet man auf eine geschuette Eichen bei dem Bruch, da sich die Gütter Rokitle enden, von dannen wieder zu kommen auf die Hauptgrentze, da man erst hat angefangen. Zu ewiger Macht und Befestigung, dieser Unser gegenwertigen Gebung und Verleyhungen, so haben Wir Unser Insiegel an diesen Brief laßen hangen: Daß sind Gezeuge diese Ehrbahre Männer und Geistliche Unsere Brüder Friederich von Wildenberge Großkommpter, Luderus von Brunßwig Trapier u. Comptur zu Christburg, Conradus Keßelhut Treßler; Henrich von Richtsteten unser Voigt zu Dirschaw, Herr Heinrich unser Capellan, Friedrich von Feuchtwangen Bruder, Christianus von Colme ein Convendt Herr zu Marienburg u. viel andere Unsere Ordensbrüder: Gegeben zu Marienburg in dem Jahr nach der Geburth Unsers Herrn Tausendt drey Hundert acht und zwantzig. Am Tage S. Ambrosy des Bischoffs und Beichtigers.

Beilage VII.

Handfeste der Stadt Dirschau von dem Hochmeister Winrich von Kniprode, vom Jahr 1364.

In Gottes Namen Amen. Wissentlich sei allen den, die desen Brief sehen oder horen, das wir Bruder Winrich von Kniprode, Homeister der Bruder des Ordens des Spittals Sunte Marien des dutschen Huses von Jerusalem mit Rathe vnd Willen vnser Mitgebitiger vnser getrowen Burgern zu Dirschau. Die Stadt Dirschau, die von vnsern Vorfahren vormals ist vfgesatzt vnd vßgegeben, die Bfasatzung bestettigen wir in diesem Brife. Wir lyhen vnd geben denselben Burgern zu Dirschau gantz Colmisch recht die Herrschaft vnd das Gerichte behalten wir vns vnd vnsern Brudern. Ouch vorlyen wir vnd geben en funfte halb Huben vnd sebentzig Huben vnd neuen Morgen, Der genanten Huben Grentzen hier nach geschreben stehen, Derselben fünftehalbe vnd siebenzig Huben vnd nuven Morgen zu ehren dem heiligen Nutze zu einer Wedemen, deme Pfarrherr voselbst drye Huben. Vnd funf Huben vnd dryn Morgen der Stadt sollen zugehoren vrie ewiglich zubesitzen, also bescheidentlich, das die vorgenanten Burgern von den Huben vns vnd vnsern Brudern sollen geben, jahrlich Zinses vf Sunt Mertenstag des Bischofs hundert vnd funf vnd zwentzig Marglen gewonlicher Montze ewiglichen zu gelden, In der Summa dieses Zinses sindt eingeschlossen funf Ferdungen von den Garten, die bei dem Graben derselben Stadt sindt gelegen, Ouch ist in der Maße der vorgenannten Hubenzahl begriffen der Monche gut was sie des haben vnd die Garten vor der Stadt vnd auch die Stadt, Also das man nicht bussen der Hubenzahl, die Stadt oder der Garten nach die Monche gutt rechnen soll. Aber vnser Huß vnd off itzlicher syten des Huses binnen der der Stad funff Rutten Rumes behalten wir vns vrie, zu vnserm Nutze. Ouch wollen wir das vf jener syten, den funf Rutten legen dem Closter, weder die Burger noch wir keinerley Gebude setzen sollen. Wir setzen darzu, das die vorgenanten Burger vnserm Herrn dem Bischoffe des Landes sein bischtumlich Recht, nach des Landes Gewonheit sollen jarlich vnd volkomlichen ewiglichen gelten. Die Grentzen der funftehalb vnd sebentzig Huben vnd neuen Morgen sind gelegen zwischen der Stadt Dirschau vnd dem Dorfe Seatkau genant, Do ist ein geschutte Grentze an dem Wasser Spangau genant, die Grenitz do genant ist, als sie lyet ist zu halten, Vnd von der geschutten Grenitzen, die richte zu gehende vf eine Eiche an der Wysell. Von der Eichen das Vfer ofwerts zu gehen bis zu dem Stein, der an der Molner lache lyet, Von dannen ober die lache zum Steine, der vf jener syeten der Lachen lyet, Aber die Lache behalden wir vns selber, Von dannen gerichte zu gehen, bis an deme Steine der an dem Vfer der Wethsell lyet, vnd von dannen des Vfer vf zugehende bis zu dem Steine der an dem Stadtgraben lyet. Davober zwischen derselben Stadt vnd dem Dorfe Czebelin genantd, ist eine geschutte Grenitze, Was an der syeten legen der Stadt ist gelegen, das soll der Stadt zugehoren, Was vf der ander syten ist, das gehoret zu dem vorgnanten Dorf Czerelin, Von der Grenitzen ist glich ein ander Grenitze auch geschutt, bis an eine Buche zwischen dem Dorfe Slywohen vnd derselben Stadt, das legen der Stadt gelegen ist, das gehoret zu der Stadt Was uf der ander syten liet, sol zugehoren Slywin dem Dorfe. Von der Buche glich vort gehet eine geschutte Grenitze, bis an eine Fichte zwischen dem Dorf Rokitke vnd der Stadt was kegen der Stadt lyet, das gehoret zu der Stadt, was uf der ander Seiten lyet, gehoret dem Dorfe Rokitke. Von der Fichte ist gestracket eine geschutte Grenitze bis an die offenbare Straße. Wasdie der Straße kegen der Stadt ist gelegen, das gehoret zu der Stadt. Darober zwischen unserm Gutte vnd der vorgenannten Stadt ist eine beschutte Grenitze, was innerhalb der Grenitz lyet kegen der Stadt werts, das gehoret kegen der Stadt. Ober das Alles vorliehen wir vnd geben den dicke genanten Bürgern allen den Nutz den sie gemachen mögen in ihre Brieheit der benannten Grentzen binnen der Stadt vnd bussen der Stadt, an Znsen odder an welcherley Nutz das sye, der Nutz soll der Stadt allein zugehoren. Zu Zeugniß der Dinge haben wir unser Ingesiegel an desen Brief laßen hengen, zu ewiger Bestettigunge. Des sindt Gezuge vnser lieben Bruder, Herr Wolfram von Beldirschein, Groß Comptur, Herr Schweder von Pellandt Treßler Herr Niclas vnser Caplan, Bruder Bernhard von Ellede, Voitt zu Dirschau. Erwin von Krüstelns Marquart von Larheinz vnser Caplan vnd ander erbare Lute. Gegeben vnd geschehen zu Marienburg in vnsers Herrn Jahren Dreyzehenhundert in den vier vnd sechtzigsten Jahre, an dem Heiligen Pfingst-Abend.

Beilage VIII.

Verschreibung über den dritten Pfennig von allen Gerichten, der Stadt Dirschau gegeben von dem Hochmeister Conrad Zollner von Rotenstein, im Jahr 1384.

Wir Bruder Cunradt Zolner von Rottenstein Homeister des Ordens der Bruder rc mit Rate vnd Willen vnser Metegebietiger geben vnd vorlien von sunderlichen gnaden vnsern lieben Getrowen Burgern vnd Inwohnern vnser Stadt zu Dirschau den dritten Pfennig von allen Gerichten groß vnd klein, die dem Richter in der Stadt geboren zu richten, vßgenomen alle Bndutsche, vnd was von dem vorgenanten Gerichte gefellet, das soll gentzlich an der Stadt Nutz vnd Besserunge gelegt werden. Zu ewigen Gedächtnus haben wir vnser Ingesiegel an desen Brief laßen hengen. Gegeben vf vnserm Huse Marienburg in der Jahrzahl vnsers Herrn Tusent dryhundert in dem vier vnd achtzigsten Jahre am Samtag Quasimodogeniti. Gezuge sind vnser lieben Bruder, Bruder Kuno von Liebenstein Groß Comptur, Bruder Ulrich Hachinberg Treßeler, Herr Merten vnser Capellan, Karl von Lichtenstein, Werner von Reting vnser Compan vnd viel ander erbar Lute.

Beilage IX.

Der Hochmeister Winrich von Kniprode verschreibt den Einwohnern der Stadt Dirschau 38 Huben auf dem Spisewinkel. 1372.

Wir Bruder Winrich von Kniprode Hoemester des Ordens rc mit Rate vnd Willen der Metegebietiger vorlien vnd laßen vnsern Getrowen den Burgern vnd den Inwohnern vnser Stadt Dirschau vnd ihr Allen rechten Erben vnd Nachkomlingen Acht vnd dreyßig Huben gelegen zum Spisewinkel, binnen den Grenitzen die ihn vnser Bruder bewieset haben, zu Colmischem Rechte erblich vnd ewiglich mit allem Nutze zu besitzen, Von deme Gutte sollen sie vns zinsen alle Jahr Acht und vierzig Mark gewöhulicher Montze vf Simte Martins Tag des Bischofs, vnd sollen vns auch thun von itzlicher Huben zween Tage Hendienst alle Jahr, Ouch sollen sie domete allerley Schaarwerk vnd allerley Reisen vrie sien vnd ledig. Zu Geczugnuße dieser Dinge hengen wir vnser Ingesiegel an diesen Brief, der gegeben ist zum Liebenhofe in der Jahrzahl vnsers Herrn Tusent bryhundert in dem zwei und sebenzigsten Jare Am nesten Brietag nach Sunte Johannestage, als er enthaubt wardt. Des sind Getzuge vnser lieben Bruder in Gote Herr Heinrich von Boventin, Groß-Comptur, Herr Lodwig von Volkenberg oberster Trappier, Herr Johann von Langerack Treßler, Bernhard von Ellerc Voit zu Dirschau, Herr Wigboldt vnser Caplan, Erhard von Bucheim vnser Compan, vnd viel ander ersame Lute.

Beilage X.

Der Hochmeister Winrich nimmt drei Huben von dem Spisewinkel zurück und erläßt dagegen der Stadt Dirschau die bisher geleisteten Handdienste. 1376.

Wir Bruder Winrich von Kniprode Homeister des Ordens etc haben genomen drye Huben vs dem Gutte Spisewinkel, das vor Jaren vnsern Burgern zu Dirschau ward vorkaufft von vnsernt wegen, Als sie vns die williglich gegeben haben, vor die Handdienste die sie vns von dem vorgenanten Gutte Spisewinkel jahrlichen pflegen zu thun in solcher Wiese das sie des Zinses den sie von den vorgenannten dryhen Huben gewohnlich geben, nicht mehr sollen geben, Vnd den Grentzgraben sollen beide wir vnd sie halten, vf das vnser Viehe ihnen, noch ihr Viehe vns keinen Schaden moge thun. Zu ewigem Gedächtnis dieser Dinge haben wir vnser Ingesiegel an desen Brief lassen hengen, Gegeben zu Marienburg in vnsers Herrn Jare Tusent dryhundert sechs vnd siebenzig an vnser Frauen Tage Assumptionis etc.

Beilage XI.

Der Vogt von Dirschau meldet dem Hochmeister, daß er seinem Befehle gemäß mit der Gemeine zu Dirschau gesprochen, und daß diese ihn ihrer Treue versichere. Datum Liebenhofe am Dienstage nach Ostern 1442.

Deme gar Erwirdigen Homeyster mit aller Erwirdigkeit ane seumen.

Meynen gar willigen vnderthänigen gehorsam mit demuthiger irbithunge vnde was ich Euwer Erwirdigen gnade zu willen gethun kan nu vnde allezeit zu vor Erwirdiger gnediger lieber Herr Homeyster alz mir vnver Erwirdige gnade bevolen hatte zu reden mit der gemeine der stad Dirßaw alzo habe ich mit Eren czwen der edelsten czu Her Fritschen gereth by do sprochen das Is ir wylle ny ist geweßen vnde sy Is vorhan vor by gancze gemeyne gebracht haben by das selbige ouch reden vnde sprechen das Ir wille auch ny ist gewesen vnde sy sich auch mit dem rathe swerlich mit worten darumme begriffen hatte als das alzo gestern ouch vor mir seyn gewesen von der ganczen gemeyne wegen vnde sprechen das alz bey Euwer Erwirdige gnade thun wellen alz was sie sullen alz denne Euwer Erwirdige gnade In desen yngeschlossene czedel besende wol wert vornemen vnde das selbige Entwert hat die gancze gemeyne von sich gegeben vnde verlibet, Ouch zo sunderlichen haben sy mit mir von Euwer Erwirdige gnade gereth das by Euwer gnade zu wyllen gethun kunnen Do wellen sy bereyt ynne gefunden werden sunderlich sprechen sy auch alz von des pfund zolles wegen sprechende das Euwer gnade das wol mechtig ist czol czu machen ofwert vnde ouch nederwert, wen do methe sich vorweren wellen, vnde ir wille ny ist geweßen das der pfundzoll abegeleget wart. Ouch zo werde ich Euwern gnaden muntlich wol vorczelen wy sy mit mir gereth haben, do sich denne Euwer gnade nach richten moge. Gegeben zu Liebenhofe am Diensttage czu Ostern Im XLII ten Jahre.

Einlage.

Gnediger lieber Here wir vornemen das vesir antwert euwirn gnaden gesandt unsirm gar gnedigen Herren dem Homeister vnd avch euch hath missehaget umbe etlicher Artikel wille dorinne berurt, dy wir doch got weys ane allargelist gar gut gemeynet haben, Hir umme geben wir andirweith vor ein antwert, Das wir unsirm gnedigen Herren dem Homeister vnd syme achtbaren Orden allir gerechtikeit, noch Irer Privilegien luwthe noch unsirm besten vermogen wellen buregen, als gute arme getruwe Luthe, noch dem als wir synen gnaden haben geholdigtt vnd gesworen.

Beilage XII.

Erklärung des Sekretair George Reinhold Forster vor dem Gericht zu Stargardt 1723.

(Verhandelt vor dem Civil Bannationsgericht zu Stargardt den 30 December 1723).

Vor dem gegenwärtigen Gericht und den Civilacten zu Stargard erschien persönlich der achtbare George Reinhold Forster vereidigter Sekretair des achtbaren Konsuls der Stadt Dirschau und präsentirte diesem Gerichte ein Papierschreiben in sich enthaltend den Extract der Generalbesichtigung Verhandlung der Lande Preussen vom Jahre 1664 von der Hand der Herren Besichtiger unterschrieben und mit ihren Siegeln bekräftiget. Dieses Schreiben, als gesund, unversehrt und unverletzt, von jedem Merkmale eines Verdachtes entfernt, bat er zu den Akten zu nehmen und ihm durch Bidimationsform und authentisch zu extrahiren. Diese Verhandlung ist folgenden Inhalts.

— 71 —

Die Stadt Dirschau

Es giebt hier für den Herrn Starosten keine Residenz, denn der Hof, der bei der Stadt zu sein pflegte, ist noch zu Zeiten des ersten Krieges abgetragen, und bisher nicht wieder aufgebaut. Die Stadt zeigte ein Privilegium Sr. Maj. des Königs Stephan seeligen Andenkens vom Jahre 1580 auf, auf welches die Confirmation Sigismunds III. im Jahre 1589 erfolgte, aus welchem 79 Hufen 27 Morgen erhellen. Von diesen gehören an geistlichen zur Pfarrkirche von Dirschau 3 Hufen und 76 Hufen 27 Morgen gehören der Stadt. Von diesen benutzen die Einwohner 53 Hufen auf den Bergen und in der Niederung laut ihren Rechten und der Eintheilung, und 23 Hufen sollen sich in den Gärten und im Außenteich befinden. Ueberdem gehört laut diesem Privilegium der Stadt eine Viehweide, Speisewinkel genannt, wovon 37 Hufen 8 Morgen sein sollen, imgleichen der Mühlenberg, den die Stadt durch einen Kaufcontract erworben, benutzte. Endlich ein anderer Berg, Samaytenberg genannt, den sie ebenfalls laut Kaufcontract unterm Siegel des Carthäuserklosters laut obigem Privilegium erworben. Man zahlt von diesem allen, sowohl von den Hufen der Viehweiden und der Berge, als auch von allen stattischen Gründen auf jedes Jahr an sogenannten Grundzins 201 preußische Mark, macht 134 Gulden. Dabei hat die Stadt noch ein Stück Feldes, worauf vordem das Schloß stand, laut Contract des Achtbaren Herrn Narolan, damals Starosten von Dirschau, d. d. 1645 d. 8. August, auf welches die Confirmation Sr. K. Maj. Vladislaus IV. seeligen Andenkens 1645 den 21. August erfolgte auf 30 Jahre vom Datum der Confirmation sich anfangend. Man zahlt davon jährlich 6 preußische Mark macht 4 Gulden. Von den bei der Stadt befindlichen Morgen an der Urlitzer Straße zahlt Marcintot, ein Dirschauer Einwohner, 30 Gulden. [Die Pfarrkirche in dieser Stadt .... gemauert aus der Beistauer Sr. K. Maj.] Der Priester Dekan Adam Claus, bekommt für den Zehenden und andere Kircheneinkünfte laut einem geschlossenen Vertrage seiner Vorfahren jährlich von der Stadt 100 Gulden. Aber da dieser Contract zu seinem und seiner Nachfolger Nachtheil gemacht worden ist, so ist er feierlich manifestirt worden. Aber auch darum, daß die Dirschauer Einwohner wider die Constitutionen des Reichs und über die alte Gewohnheit die evangelische Kirche, die sie vor dem außer den Mauern zu haben pflegten, jetzt ganz neu in der Stadt selbst errichtet haben und darin zum Nachtheile der Pfarrkirche predigen und die Sacramente administriren eben so, wie Abtragung der Pfarrei und der Schule durch ihre Schule, welche sie, obgleich sie laut allgemeinen Gebrauch und laut dem Mandat Sr. K. Majestät d. d. Warschau v. 8. September 1661 zu bauen verbunden, verweigern, indem sie versprechen wegen dieses alles und wegen anderer kirchlicher Beeinträchtigungen mit dieser Stadt in foro fori zu processiren. Der zuwider sind die Bürger remanifestirt worden, daß sie nichts über ihre Gesetze thun. [Mit Bemerkung der religiösen Patres des Prediger-Ordens des Dirschauer Convents rücksichts der zehn Hufen Ackers und Vollwerks]. Bei der Verhandlung der Besichtigung der Hauptmannschaft zu Dirschau producirten die religiösen Patres des Prediger-Ordens des Dirschauer Convents ein Confirmations Privilegium, von der Hand des gestrengen Königs Sigismund unterschrieben und mit dem Reichssiegel bekräftigt d. d. Kracau am heilige Abend vor dem Fest des heiligen Dominicus 1507, laut welchem diesem Contract unter andern Freiheiten 10 Hufen Acker unter den städtischen Hufen bestimmt, nebst dem Vollwerk Baldow in der Meyer Vorstadt belegen nebst Garten und dem ganzen Landstücke von Alters her zu diesem Vollwerk gehörig durch Mestwin Herzog von Pommern verliehen, approbirt und ratificirt worden, und baten den Inhalt dieses ihres Privilegiums in die Verhandlungen der gegenwärtigen Besichtigung mit zu verzeichnen. Da nun auf der Stelle der Magistrat und die Dirschauer Bürger keine Thatsache dieses Privilegiums gewißer Ursachen wegen in foro fori an zu bringen anerkannten, so wurden sie wider dasselbe manifestirt und erklärten, nichts könne ihren Rechten schaden. [Aus den Akten der Generalbesichtigung der Lande Preußen d. 22. September im Jahre des Herrn 1664 extra expedirt]. Alexander Rudziszowski, Kastellan von Liefland Besichtiger der Lande Preußen eigenhändig. Andreas v. Mierohewicze Gasiorowski, Fahnenträger, Pfalzgraf Sr. K. Maj. Sekretair und Besichtiger. Peter Spressostawski, Schatzmeister der Lande Dobrin, der Lande Preußen Besichtiger. Annastasius Ossowski, des Reichsschatzes Notarius eigenhändig.

Beilage XIII.
Erbzins-Pacht-Kontrakt über den alten Schloßgrund von August III.

Wir August der III. von Gottes Gnaden König von Pohlen, Groß Herzog in Litthauen, Reußen, Preußen, Mechsovien, Samogitien, Kyovien, Volhynien, Podolien, Podlachien, Liefland, Smolensk, Severien, und Czernichovien, wie auch Erbe Herzog von Sachsen und Churfürst ec.

Thun Kund mit diesem Unserem Briefe, allen und jeden denen hieran gelegen, was maaßen Uns einige, zur Seite befindliche Räthe vorgebracht, wie nemlich der Magistrat Unserer Königlichen Stadt Dirschau, einen gewissen Grund, des vorwüsteten Platzes vor dem alten Schloß benant innerhalb den Stadt Mauern gelegen, und zur Dirschauschen Starostey (so nunmehro Unserer Marienburgischen) Oeconomie einverleibet worden, gehörig gegen einen jährlichen Zinß, schon seit vielen Jahren; zu ihrer Nutzung, mit aller Gerichtsbarkeit, hält und besitzet, hierbey aber uns gehorsamst gebethen, daß Wir vorgedachtem Magistrat ferner zu laßen geruhen möchten. Dahero wir dann solche Pacht, vorbemeldeten verwüsteten Schloß Grundes, demselben Magistrat, zugleich mit der Gerichtsbarkeit, gegen den gewöhnlichen jährlichen Zinß von Sechs Mark welche jährlich am Neue Jahrs Fest an unsern Marienburgische Oeconomie zu zahlen sind, ferner auf Vierzig Jahr über lassen wollen. Gestallt wir sie ihnen dann, hiemit und Kraft gegenwärtigen Briefes überlassen, und dieser Conception hiedurch alle Gultigkeit mittheilen. Zu Beglaubigung dessen haben wir gegenwärtigen Brief eigenhändig unterschrieben und mit Unserem Reichs-Pettschaft bekräftigen laßen.

Gegeben Dresden den 15. Juli im Jahr Christie 1747 unseres Reichs im 14.

(L. S.)   Augustus, König.